L'ENFANT
DE L'AMOUR

PAR

MAXIMILIEN PERRIN.

1

PARIS
ALEXANDRE CADOT, ÉDITEUR
37, RUE SERPENTE, 37.

L'ENFANT DE L'AMOUR

OUVRAGES DE MAXIMILIEN PERRIN.

L'Homme aux cinq Maîtresses............	2 vol.
L'Enfant de l'amour......................	2 vol.
Le secret de Madame....................	2 vol.
Les Mariages d'Inclination..............	2 vol.
Manon la Ravaudeuse.	2 vol.
Le Mari d'une jolie femme..............	2 vol.
L'Amour à l'aveuglette..................	2 vol.
Le mariage aux écus....................	2 vol.
Le Sultan du quartier...................	2 vol.
Laquelle des deux.......................	2 vol.
Partie et revanche.......................	2 vol.
Le beau Cousin..........................	2 vol.
Riche d'amour...........................	2 vol.
Une passion diabolique....	2 vol.
L'ouvrier gentilhomme...................	2 vol.
Le Mari d'une comédienne..............	3 vol.
L'ami de la maison......................	2 vol.
La fille d'une Lorette...................	4 vol.
Le garde municipal......................	2 vol.
La Demoiselle de la confrérie...........	2 vol.
L'Amour et la faim......................	2 vol.
Vierge et modiste........................	2 vol.
Le Capitaine de Spahis..................	2 vol.
Un mauvais coucheur....................	2 vol.
Une fille à marier.......................	2 vol.

Imprimerie de E. Dépée, à Sceaux.

L'ENFANT
DE L'AMOUR

PAR

MAXIMILIEN PERRIN.

PARIS
ALEXANDRE CADOT, ÉDITEUR
37, RUE SERPENTE, 37.

—

1862

1

— Marquise, vous m'avez fait demander? disait le marquis de Bussière à sa jeune femme en se présentant souriant dans la chambre à coucher de la dame.

— Oui, monsieur, asseyez-vous près

de moi et daignez m'entendre patiemment, si cela vous est possible, fit la marquise d'un ton sévère.

— Je vous écoute, madame, mais de grâce hâtez-vous, car je pars pour la chasse et les amis qui m'y accompagnent sont tous en selle et m'attendent impatiemment.

— Eh bien, qu'ils partent sans vous, car j'ai beaucoup à vous dire, monsieur, et il ne s'agit rien moins que de votre bonneur et de mon repos.

— Allons, il paraît que la chose est sérieuse... Parlez, ma chère amie, je suis tout oreille, reprit en riant de Bussière après s'être assis à côté de la marquise.

— Monsieur mon mari, m'aimez-vous toujours?

— Plus que jamais, ma chère Amélie, d'amour sincère et d'estime.

— Alors, monsieur, s'il en est ainsi, il ne vous sera nullement difficile de m'en donner la preuve en acceptant le sacrifice que j'exige de votre cœur et de votre conscience.

— Quel est ce sacrifice auquel je souscris d'avance, ma chère femme ?

— Celui de renoncer à vos projets séducteurs envers Madeleine, ma filleule, plus ma chambrière, et de consentir à ce que je la donne pour femme à votre valet de chambre Landry, qui consent à la prendre sans dot.

— Marquise, je vous demanderai d'abord l'explication de ces deux mots ; projets et séduction à l'égard de Madeleine, d'une fort jolie fille, j'en conviens, mais envers laquelle je n'ai jamais ressenti autres sentiments que ceux de l'amitié et de l'estime, ceux enfin d'un bienfaiteur pour l'enfant orpheline qu'il a recueillie sous son toit, élevée, vu grandir et embellir sous ses yeux. Quant à marier Madeleine, ceci vous regarde, Amélie ; je vous laisse maîtresse de disposer de la main de cette fille, mais vous me permettrez, ma chère, de vous prier d'observer que Madeleine, qui a seize ans à peine, est bien jeune pour entrer en ménage et devenir la femme d'un Landry, d'un espèce d'ours mal léché, incapable de comprendre tous les ménagements, les soins, les égards, que nécessiteraient de sa part la possession d'une fille aussi frêle et délicate que Madeleine.

— Voilà qui est bien parlé, reprit en riant la marquise de Bussière, seulement, il est dommage que sous ces paroles toutes paternelles, se cache la perfidie, comme le serpent se cache sous la fleur.

— En vérité, madame, je ne vous comprends pas ! fit de Bussière avec humeur et impatience.

— Alors je vais m'expliquer plus clairement, monsieur ; comme il ne me convient pas que mon mari continue à séduire mes chambrières sous mes yeux, dans ma propre maison, comme j'aime Madeleine et que je veux qu'elle soit une honnête femme comme elle a été une honnête fille, je souhaite qu'elle épouse Landry, et qu'aussitôt après leur union l'un et l'autre quittent notre château et même le pays.

— Quoi, madame, votre ridicule jalousie pousse le despotisme au point de vous priver non-seulement des services d'une chambrière, mais encore d'éloigner de moi mon valet de chambre coiffeur? Mais cela est d'un despotisme révoltant; une barbarie, car enfin, madame, Landry est un excellent perruquier, plein de goût et de tact, un véritable artiste, une main habile et légère qu'il me sera impossible de remplacer, car il n'existe pas sa pareille dans toute la Bretagne!...

— J'en suis désolée pour votre tête, monsieur; mais Landry, aussitôt après son mariage, quittera notre ville avec Madeleine, pour se rendre à Paris, où la dot que je compte donner à sa femme lui permettra de prendre boutique et d'exercer son état de perruquier.

— Qu'il soit fait selon votre volonté, charmant tyran; fi! oser douter de ma constance conjugale, c'est affreux; la belle marquise de Bussière être jalouse de sa chambrière, quel ridicule !

— Bien, plaisantez tout à votre aise, mauvais sujet, faites le gentil afin de mieux détourner mes soupçons; mais vous ne m'empêcherez pas de vous dire que si vous êtes le plus galant, le plus enjôleur des maris, vous en êtes aussi le plus inconstant.

— C'est faux ! s'écria de Bussière, en essayant de donner à ce démenti l'accent de la vérité.

— Oseriez-vous, monsieur, vous exprimer ainsi en présence de Madeleine, de cette pauvre enfant que depuis un an vous poursuivez de votre ridicule amour, et qui, interrogée, pressée par moi, étrangère au mensonge, m'a tout avoué en pleurant et agenouillée devant moi.

— Cette fille est une niaise que son excessif amour-propre aura poussé à prendre pour de l'amour ce qui n'était que de ma part un témoignage d'amitié sincère, une plaisanterie sans doute.

— Monsieur le marquis, vous consentez donc au mariage de Madeleine avec Landry? reprit gaîment la marquise.

— Mariez qui vous voudrez, madame, même le grand turc avec la république de Venise, si cela vous convient, j'y souscris d'avance, et comme mes amis s'impatientent en bas, permettez-moi de baiser votre main mignonne et d'aller les rejoindre.

— Faites donc, mauvais sujet, et bonne chasse je vous souhaite, répondit en riant la marquise tout en présentant sa main dégantée, fine et blanche à son mari, qui s'empressa d'y coller ses lèvres pour s'éloigner ensuite tout en disant mentalement :

— Ah ! petite Madeleine, tu me trahis, tu veux te marier, soit ! mais pas avant que je ne t'aie ravi la rose que tu me refuses, fleur charmante que je ne puis d'honneur laisser cueillir par un Landry.

— Madame la marquise, je me rends à vos ordres, fit un valet à l'air patelin, de taille moyenne, au corps trapu, en s'inclinant humblement devant la dame qui l'avait fait appeler aussitôt après le départ de son mari.

— Landry, c'est pour vous annoncer une bonne nouvelle, mon ami, je vous dirai que monsieur le marquis donne son consentement à votre mariage avec Madeleine.

— Ah! que monsieur le marquis est un excellent maître, fit le valet joyeux.

— Landry, il faut presser cette union, l'accomplir sous huit jours au plus.

— Votre volonté s'accomplira, madame, car moi-même j'ai hâte d'être l'heureux mari de Madeleine que j'aime d'amour sincère.

— Et que vous rendrez bien heureuse, n'est-ce pas Landry ?

— Heureuse comme une reine, madame la marquise.

— J'y compte, mon ami, et quoique vous soyez loin de moi, croyez que mes bienfaits ne vous feront jamais défaut. Landry, en faveur de la bonne promesse que vous venez de me faire, j'élève la dot de Madeleine à vingt mille livres, laquelle somme je vais faire déposer dès demain chez le tabellion de la ville où vous irez la prendre le lendemain de votre mariage.

— Vingt mille livres ! dot de prince ! oh ! vous êtes généreuse autant que bonne, madame, et combien Madeleine et moi serions encore plus heureux, plus reconnaissants, si à côté des bienfaits dont vous daignez nous combler, ne venait se placer l'ordre sévère de nous séparer de vous, celui de quitter d'aussi bons maîtres.

— Landry, un homme d'honneur comme je vous suppose, lorsqu'il peut s'en affranchir, ne doit ni ne peut enchaîner sa liberté, laisser battre son cœur sous la livrée d'un valet, lorsque l'indépendance lui est acquise... Croyez-moi, mon ami, soyez libre, devenez homme et par un travail honorable sachez faire fructifier la petite fortune que vous aurez apportée et confiée à votre femme, afin d'en enrichir un jour les chers petits enfants qu'il aura plu au ciel de vous envoyer. Maintenant, Landry, allez trouver votre gentille future afin de vous entendre avec elle sur les formalités à remplir pour l'accomplissement de votre prochaine union.

Le valet perruquier s'inclina humblement devant la jeune, bonne et belle marquise, puis sortit à reculons de la chambre.

— Vingt mille livres et la liberté, le droit d'être maître, de commander à mon tour, d'être riche un jour! bravo Landry! bravo mon bonhomme... De plus possesseur d'une jolie femme dont l'agaçant minois attirera dans ma boutique les seigneurs de la cour et de la ville, qui tous s'empresseront de me donner leur pratique, et de contribuer à ma fortune.... Allons! je suis décidément un heureux mortel! Ainsi disait Landry tout en s'éloignant pour se rendre auprès de Madeleine, qu'il trouva dans les antichambres, assise

près d'une fenêtre et en train de coudre.
Madeleine était en effet une bien jolie
fille, à la chevelure d'ébène, aux grands
yeux noirs tout pleins de douceur, avec
une petite bouche souriante, toute rose,
ornée de deux rangées de dents fines et
blanches ; ajoutons à cela une taille de
guêpe, un pied d'enfant, et nous aurons
dépeint la promise de Landry, lequel
s'approcha d'elle le visage joyeux pour lui
annoncer que le marquis, leur maître,
ayant donné son consentement, rien ne
s'opposait plus à leur mariage. Madeleine
reçut cette nouvelle sans en manifester ni
joie ni mécontentement, c'est-à-dire avec
indifférence, car Madeleine n'aimait ni ne
haïssait Landry qu'elle acceptait pour
mari, parce que telle était la volonté de

la marquise de Bussière, sa marraine et sa bienfaitrice, mieux encore parce qu'elle comptait échapper par ce mariage aux poursuites incessantes et amoureuses du marquis, dont elle redoutait les entreprises hardies à son égard.

— Puisqu'il en est ainsi, marions-nous, monsieur Landry, mais après que vous m'aurez renouvelé le serment de me rendre bien heureuse, répondit la jeune fille en tendant sa main mignonne que Landry s'empressa de saisir pour l'embrasser.

— Madeleine, je vous rendrai heureuse, autant que mérite de l'être une fille telle que vous, douée des meilleures qualités. Madeleine, acceptez-moi sans crainte, car je vous aime et vous honore.

— Alors Landry, qu'il soit fait selon

votre volonté, répliqua Madeleine en souriant.

La nuit était noire, car le ciel s'était voilé du manteau de Scaramouche et minuit tintait à l'horloge du château, lorsque le marquis de Bussière, après avoir quitté sa chambre à coucher, se dirigeait sans bruit, et à travers de longs corridors, vers un petit escalier de service qui le conduisit aux appartements du rez-de-chaussée. Là, s'étant arrêté devant une porte, il y colla son oreille pour écouter.

— Elle dort, je puis entrer sans crainte, se dit-il, tout en introduisant doucement une clef dans la serrure de ladite porte qu'il ouvrit pour la refermer vivement derrière lui.

—Allons, du courage, osons tout et soyons

heureux vainqueur, murmura-t-il une fois enfermé dans la chambre où il venait de pénétrer, chambre qui n'était autre que celle de Madeleine, où la jeune fille reposait sans défiance sur son lit virginal.

— Qui est là? s'écria avec frayeur Madeleine, réveillée en sursaut par une main qui venait de se placer sur son sein.

— Moi, chère enfant, moi ton plus ardent adorateur.

— Vous, monsieur le marquis, et dans ma chambre à pareille heure? que me voulez-vous?

— Te parler de mon amour, te dire je t'aime, et t'en donner les preuves.

— Au nom du ciel, monsieur, retirez-vous, respectez-moi, s'écriait hors d'elle Madeleine, en essayant de s'échapper de sa couche sur laquelle la clouaient les bras du marquis qui, pour étouffer ses plaintes et ses cris lui fermait la bouche avec sa main. Madeleine, effrayée, se défend, lutte contre les entreprises du violateur avec toute l'énergie, la force que donnent le désespoir et l'honneur en danger ; puis épuisée, vaincue, elle retombe sur le lit sans connaissance privée de tout sentiment et à la merci de l'audacieux marquis, qui, après avoir consommé le déshonneur de la pauvre fille s'échappa de la chambre en y abandonnant sa victime, mais honteux et effrayé du crime qu'il venait de commettre, duquel enfin le calme, qui en pareille circonstance succède ordinairement à la brutale frénésie, lui démontrait toute l'énormité.

Fuyant ainsi sans lumière, le marquis, dans l'escalier qu'il gravissait vivement pour rentrer chez lui, passa sans s'en apercevoir devant un personnage qui n'était autre que Landry, lequel ayant passé la soirée hors du château à boire avec ses amis, rentrait furtivement et regagnait sa chambre par l'escalier de service, lorsque le bruit des pas du marquis, lequel montait derrière lui, le fit s'arrêter et se blottir dans une encoignure autant par précaution que par curiosité.

— D'où diable peut-il venir à pareille heure et sans lumière? se demanda le valet après avoir suivi le marquis et vu ce dernier rentrer dans son appartement. Parbleu! de visiter quelque fillette de la maison... Si c'était Madeleine?.., Oh non!

celle-là est la vertu même... Si je pouvais savoir... Essayons. — Cela dit, Landry regagne l'escalier qu'il descend sans bruit pour aller s'arrêter de préférence à la porte de la chambre de sa future, qu'il trouva entr'ouverte, car le marquis, en la crainte de faire du bruit, l'avait à moitié fermée. Ce fut alors qu'un soupçon jaloux traversa le cœur de Landry et le poussa à pénétrer dans la chambre qu'éclairait à ce moment un rayon de lune, qui lui fit voir Madeleine étendue en travers sur un lit en désordre, Madeleine, pâle comme la mort, échevelée, sans respiration ni mouvement. Landry, effrayé, devinant presque l'affreuse vérité, tout en tremblant d'indignation, contemple un instant la pauvre fille, puis, afin de s'assurer qu'elle n'a pas cessé de vivre, il pose sa main sur son cœur. Cet attouchement occasionne aussitôt chez Madeleine un frisson douloureux qui la ranime et sous lequel elle se tort en gémissant.

— Grâce ! pitié ! monsieur le marquis ! au nom du ciel laissez-moi, laissez-moi ! se mit à murmurer Madeleine d'une voix faible.

— Madeleine ! fit Landry.

— Non, non ! je ne veux pas ; je suis une honnête fille... ne me rendez pas méprisable ! reprit la jeune fille.

Vous me torturez ! Ah ! tuez-moi, tuez-moi, mais laissez-moi l'honneur qui m'est plus cher que la vie.

Ces paroles, en révélant tout à Landry,

ont soulevé dans son cœur une tempête de fureur et de haine.

— Ah ! malheur ! à toi infâme violateur, malheur ! s'écria alors Landry qui, désireux de ne point être reconnu de Madeleine, quitta la chambre pour regagner la sienne où il se laissa tomber sur un siège brisé par l'émotion et la colère.

— N'importe, ce mariage aura lieu ; cette fille n'a été que l'innocente victime de cet homme, je ne puis que la plaindre et non la mépriser.... Décidément, j'épouserai Madeleine quand même, car il me faut cette dot qui doit me donner l'indépendance et me permettre d'attendre l'instant, le jour où il me sera peut-être permis de tirer vengeance de l'insulte que vient de me faire un maître libertin, en osant déshonorer celle qu'il me réserve pour compagne.... Me venger, mais comment? cet homme est noble, riche, puissant; l'impunité lui est acquise, et moi que suis-je? un vil roturier, un valet, un esclave qu'il écrasera sans pitié le jour où j'oserai m'attaquer à lui... Oh ! n'importe ! attendons, espérons ! car un jour viendra sans doute où, fatigué de servitude et d'humiliation, le peuple esclave se lèvera en masse pour dompter ses oppresseurs, aux cris de : liberté ! égalité ! ou la mort ! Ah ! que ce jour-là sera beau ! mais hélas ! viendra-t-il jamais? Oh ! oui ! car Dieu le doit à ses enfants opprimés. Espérons donc et attendons, pauvres parias déshérités ; oui, espérons ! Ainsi disait Landry pour qui la nuit s'acheva sans sommeil. C'était en

1768 et dans la petite ville d'Ingrande, située sur les bords de la Loire, entre Nantes et Angers, que s'était passé tout ce qu'on vient de lire dans ce premier chapitre.

II

En 1789, se voyait dans la rue Saint-Louis-au-Marais, quartier du beau monde et non loin de la place Royale, une boutique de perruquier peinte en bleu et parsemée de fleurs de lys presque jusqu'aux gouttières; cette boutique était celle de M. Pierre Landry, dont on lisait le nom écrit en lettres d'or sur la plinthe, et cette inscription caractéristique dans le fond d'un plat à barbe suspendu à un bras de fer blanc : *Ici l'art embellit la nature.* Les dimanches et jours de fête, Pierre Landry ainsi que son garçon Jean Coquardeau étaient sur pied dès quatre heures du matin, et tant que la journée durait, ils ne cessaient de raser, de carder, de friser et de poudrer la tête des nombreuses pratiques qui hantaient la maison, à la propreté et à l'économie de laquelle veillait et travaillait Madeleine, femme Landry; créature douce, timide et frêle, dont les vingt années qui s'étaient écoulées depuis son mariage, jointes à un se-

cret chagrin, avaient flétri la beauté. De
l'union de Madeleine avec Landry était né
un enfant, un fils alors âgé de dix-neuf
ans, grand et beau garçon aux traits nobles et spirituels, à l'esprit vif et pétulant,
ayant nom Georges, et pourvu d'une ins-
truction que lui avait fait donner sa mère
qui l'aimait tendrement et s'efforçait chaque jour, par ses caresses, ses soins de le
consoler de l'indifférence de son père,
qui lui avait sans cesse témoigné plus de
haine que d'affection, et cela à la grande
douleur de la bonne Madeleine, qui sou-
pirait sans oser se plaindre. Georges,
pourvu d'une âme noble et ardente avait
adopté avec enthousiasme les nouvelles
idées qui fermentaient alors dans le peuple,
idées régénératrices, sublimes, qui allaient

régénérer la France, niveler les conditions sociales. Mal à l'aise dans la sphère étroite où l'avait jeté le hasard de la naissance, Georges appelait de tous ses vœux cette régénération qui seule pouvait le faire sortir de l'état obscur dans lequel il végétait ; car maître Landry avait fait de son fils un perruquier, en dépit de la répugnance que le jeune homme n'avait cessé de manifester pour ce métier. Aussi Georges, à tort sans doute, se vengeait-il de la tyrannie de Landry sur toutes les perruques qui lui tombaient sous la main. Cet ingénieux procédé, en irritant son père, lui avait valu de la part de ce dernier l'ordre de ne se mêler de rien et de céder le pas, sous le rapport de l'art, à Jean Cocardeau, premier garçon de l'établissement. Georges, se conformant à cet ordre très-scrupuleusement, en était venu à ne rien faire autre chose qu'à lire ou à courir les promenades et les rues du matin au soir, afin de se mêler aux réunions tumultueuses. S'il y avait du bruit dans la rue, on pouvait être certain que Georges Landry était au nombre des tapageurs, sinon à leur tête. Il n'était même pas rare qu'il rentrât chez lui sans chapeau, les vêtements en lambeaux et le corps couvert de contusions, cela au grand regret de la bonne Madeleine, qui se donnait des peines inouïes afin d'exhorter son cher enfant à mener une conduite meilleure, une vie plus paisible.

— Femme, tu perds inutilement ton temps à vouloir retenir ton fils, laisse-le agir, suivre les impulsions de son cœur et travailler à la régénération du peuple. L'heure de la liberté a sonné, Madeleine, cette heure je l'attends depuis vingt ans et plus, et je salue sa venue avec joie et bonheur, disait un soir Pierre Landry à sa femme, après avoir écouté caché derrière une porte les réprimandes que la tendre mère adressait à son fils.

— En vérité, Landry, je ne sais à quelle cause attribuer l'indulgence que vous témoignez aujourd'hui à l'égard de la conduite de notre fils, de cet enfant que vous niez pour être de votre sang, et que par cette raison, vous haïssez de toute la force de votre âme. Landry, vous ne pouvez ignorer que Georges, en se mêlant ainsi qu'il le fait chaque jour,

aux émeutes de la ville, court le risque d'y
rencontrer la mort. Répondez : est-ce en
l'espoir que mon enfant sera tué un jour,
que, vous d'ordinaire si injuste, si sévère
envers lui, vous approuvez sa conduite,
que vous le poussez même à la révolte, en
renversant les droits du roi et de la noblesse? Landry, s'il en était ainsi, ce serait odieux de votre part, car le coup qui
tuerait le fils tuerait en même temps la
mère. Landry, ayez moins de haine et
plus de pitié, pour lui et pour moi. Georges, en dépit de votre indifférence vous
aime et vous respecte ; au nom du ciel ne
souhaitez donc pas sa mort et faites grâce
à l'enfant en faveur de l'épouse, qui depuis
vingt ans s'efforce de se faire pardonner
le crime d'un autre en vous prodiguant sa

tendresse et ses soins. Landry, prenez garde de vous attirer la colère de Dieu en désirant la perte du fils qu'il vous a donné.

— Madeleine, je te le répète aujourd'hui encore, puisque tu m'y contrains; je n'ai pas d'enfant; Georges n'est autre que le résultat du crime du marquis de Bussière, puisque tu l'a mis au monde le huitième mois qui suivit celui de notre mariage. Mais si je n'ai pu me résoudre à ne voir dans cet enfant autre qu'un étranger, que le résultat d'un viol infâme, ma haine, ou pour mieux dire mon indifférence à son égard, ne va pas jusqu'à désirer sa mort...

— Mais alors, Landry, pourquoi le poussez-vous sans cesse vers le danger?

pourquoi excitez-vous en lui ces idées d'indépendance et de révolte, si ce n'est sa perte que vous conspirez ? Pourquoi, Landry, vous, qui êtes pour le roi, dont les seigneurs forment votre clientèle et vous enrichissent, encouragez-vous Georges à se ranger du côté du peuple afin de renverser les institutions du royaume ?

— Madeleine, le marquis de Bussière a fait de moi l'ennemi implacable de la noblesse et de ses privilèges, dont je veux la ruine, et si, jusqu'à ce jour, j'ai dissimulé ma haine sous les apparences d'un franc royalisme, c'est enfin de mieux servir mes projets et mon ambition. Madeleine, quand sera venu pour moi le moment d'agir, tu me verras à l'œuvre. Maintenant comprends-tu pourquoi j'encourage ton fils, dont les opinions exaltées, l'amour de la liberté servent trop bien ma haine et mes projets à venir, pour que je m'avise de leur imposer un frein ?

— Mais le malheureux enfant peut rencontrer la mort au milieu des émeutes dont il fait partie. Par grâce, Landry, aidez-moi à le retenir, à lui faire entendre raison, fit Madeleine d'une voix suppliante.

— Je l'essaierais en vain, ma chère, car à l'âge qu'a votre fils, les passions l'emportent sur la raison, surtout lorsqu'il s'agit de briser les fers de l'esclavage, de devenir homme après avoir été bête de somme.

Un mois après cet entretien entre Landry et sa femme, Georges un soir rentrait au logis le visage couvert de sueur et de poussière, les vêtements en désordre.

— Georges, mon enfant, d'où viens-tu ? comme te voilà fait, malheureux !

— De me battre avec les amis contre messieurs les gardes du roi, répondit le jeune homme en riant.

— Georges, j'ai bien peur que tout cela ne finisse mal pour toi : tu détruis ta santé, tu hantes les mauvais sujets, tu te pervertis. Bien certainement, il t'arrivera quelque malheur et j'en mourrai de chagrin.

— Mère, ne tremblez pas ainsi, Dieu me protège et crions ensemble vive la liberté ! répondit le jeune homme pour ensuite sauter au cou de sa mère et l'embrasser.

— Oh! n'essaye pas, petit mauvais sujet, de me ranger de ton parti, car je suis une franche Bretonne, moi, fidèle à Dieu et au roi.

— Moi j'aime Dieu et ma mère ; quant au roi je suis tout disposé à l'aimer aussi, mais à la condition qu'il muselera ses grands seigneurs, et rendra au peuple la liberté qu'il lui demande, et que ce dernier se dispose à prendre ; si continuant d'écouter les exécrables conseils de sa noblesse il persiste à la lui refuser.

— Georges, je t'en supplie, ne sois pas l'ennemi du roi qui est le meilleur des hommes.

— Je ne suis l'ennemi que des abus ;

que le roi les réforme, et je crierai : vive le roi ! mais s'il persiste à me rendre malheureux ce sera tout le contraire.

— Toi, malheureux, enfant, que te manque-t-il ? Tu ne fais que ce que tu veux, je ne te refuse rien de ce qu'il m'est possible de te donner.

— Oh ! c'est vrai ! c'est vrai, ma bonne mère, répondit le jeune homme en se jetant dans les bras de Madeleine, et je serais un monstre d'ingratitude si je ne vous aimais de toute la force de mon âme ; mais hélas ! vous ne pouvez faire que je ne sois le fils du perruquier Pierre Landry.

— Comment, malheureux, fit Madeleine en le repoussant, tu rougis du nom et de la profession de ton père ?

— Ce n'est pas cela, chère mère ; je

tiens mon nom pour un des plus honorables qu'il soit au monde, aussi bien que l'état qu'il a plu à mon père de me donner sans consulter ma vocation ; mais il n'en est pas moins vrai qu'avec ce nom et cette profession il me sera toujours impossible d'être reçu partout où il me plaira d'aller.

— Ainsi, Georges, c'est le démon de l'orgueil qui te tourmente ?

— Non, mère, car votre fils hait l'orgueil et les orgueilleux... Enfin il faut bien que je vous le dise, puisque vous ne voulez pas le deviner : je suis amoureux, chère mère.

A cet aveu, la douce Madeleine ne put s'empêcher de sourire ; elle embrassa son fils, s'assura que la porte de la chambre était fermée ; puis étant revenue s'asseoir à côté de Georges.

— Voyons, cher enfant, lui dit-elle, dis-moi qui tu aimes; une belle, bonne et sage fille sans doute et d'une honnête famille ?

— Oh! ce n'est pas une longue histoire. Il vous souvient sans doute, mère, du jour où nous avons brûlé en effigie le cardinal de Brienne, sur la place Dauphine, il y a quelques mois de cela.

— Sainte vierge ! comment aurais-je oublié! n'ai-je pas failli mourir d'inquiétude et de chagrin, lorsqu'on m'a appris que mon Georges, si bon garçon, si doux, se faisait remarquer à la tête d'une bande de vauriens ? Ne me parle pas de cela, enfant, à moins que ce ne soit pour dire que tu as regret de ce que tu as fait ce jour.

— Je ne vous dirai pas cela, mère; car je ne veux point mentir, mais je vous avouerai que, nourrissant depuis l'âge de connaissance une antipathie insurmontable pour cette classe privilégiée qui ne peut nous considérer dans l'état présent des choses que comme des bêtes de somme ou à peu près, l'amour de la liberté s'alluma en moi, enfant du peuple, je jurai haine aux oppresseurs et je voulus faire cause commune avec les gens qui travaillaient à nous doter d'un meilleur et prochain avenir. Voilà pourquoi, ma mère, on m'a vu parmi les braves citoyens qui ont manifesté leur opinion en flétrissant le ministre corrompu et corrupteur que nous avait donné le bon plaisir. Ce sont là, chère mère, des sentiments nobles, élevés, dont je veux m'honorer toujours, et maintenant je vais vous dire pourquoi je souffre, pourquoi j'éprouve le besoin de m'étourdir.

Madeleine posa ses mains sur ses genoux et retenant presque son haleine, de peur de perdre un mot de ce qu'allait lui dire son enfant bien-aimé, elle écouta et Georges reprit :

— Après l'exécution du cardinal, nous eûmes maille à partir avec quelques suisses et soldats des gardes-françaises ; les épées étaient rares parmi nous et les pierres nous manquèrent bientôt. Nous battîmes en retraite et je me trouvai entraîné par les nôtres jusqu'à l'Ile-Saint-

Louis. Les soldats nous suivaient de près ; ne pouvant leur résister à découvert, nous nous jetâmes dans un hôtel du quai Bourbon, en l'intention de nous y barricader et de nous y défendre jusqu'à la dernière extrémité. Nous ne devions pas en venir là ; arrivés au pont, les soldats renoncèrent à nous poursuivre davantage ; mais nous eûmes dès-lors affaire à une autre espèce d'ennemis. L'hôtel où nous étions entrés était momentanément occupé par un gentilhomme breton, un marquis de Bussière et sa nièce...

— Le marquis de Bussière ! s'écria Madeleine en pâlissant.

— Qu'avez-vous, chère mère ? connaîtriez-vous ce seigneur ?

— Oui, c'est celui dont ton père et moi

fûmes jadis les serviteurs et vassaux. Georges, au nom du ciel, garde-toi jamais de prononcer le nom de Bussière devant Landry qui, ayant à se plaindre de ce marquis, lui a juré une haine éternelle.

— Je vous obéirai, mère, dit tristement Georges.

— Et tu feras bien, enfant! maintenant continue, je t'écoute.

— Je vous dirai donc, chère mère, que ce marquis, indigné de notre audace, essaya de lancer contre nous sa meute de valets. Cela faillit lui coûter cher; nous nous étions d'abord contentés d'occuper la cour; mais forcés de répondre à cette agression nouvelle, nous envahîmes l'hôtel tout entier; les valets furent rossés, et quelques têtes exaltées parlaient déjà d'accrocher le marquis de Bussière à la lanterne ; on le cherchait, mais il avait disparu, et à sa place ce fut sa nièce qui se présenta tremblante et suppliante à nos regards... Ah ! ma mère, figurez-vous un ange du bon Dieu, une créature céleste !.. Combien ils seraient ravis si vos regards pouvaient rencontrer ceux de ses grands yeux noirs si pleins de feu et pourtant si doux !... si vous pouviez entendre ce son de voix qui va si bien à l'âme. Ainsi que moi vous aimeriez Hélène.

— Hélène ! fit Madeleine tout en interrogeant sa mémoire.

— Oui, mère, Hélène, tel est le nom de cette charmante fille, orpheline de dix-huit ans, recueillie par le marquis de

Bussière, son oncle ; Hélène que j'aime et dont je me crois aimé.

— Seigneur Dieu ! fit Madeleine en levant les mains au ciel, mon fils amoureux d'une fille noble et riche sans doute ! Mais tu es fou, pauvre enfant. Crois moi, hâte-toi, pour ton repos, d'arracher à ton cœur cet amour audacieux et sans espoir. Georges, pense à ce que tu es, à l'immense barrière qui s'élève entre le fils d'un perruquier et la nièce d'un grand seigneur. Réfléchis encore, mon enfant, à la haine que ton père nourrit depuis vingt et un ans contre M. de Bussière, qu'il tuerait s'il se présentait jamais devant lui.

— Mère, de grâce, apprenez-moi le motif de cette haine?

— Je ne puis, mon enfant, mais un jour peut-être... Va, crois-moi, oublie cette fille, renonce à un amour uqi ne peut être pour toi qu'une longue suite d'humiliations et de chagrins.

— Ah! pourquoi Hélène est-elle d'un sang noble?.. ou pourquoi suis-je le fils d'un roturier? A-t-elle choisi son père? ai-je choisi le mien? Vous voyez donc, ma mère, que cette distinction de castes est chose stupide... Oh! la liberté! la liberté! s'écria le jeune homme avec enthousiasme.

— Voyons, mon enfant, tâche d'être raisonnable... à quoi tout cela te conduira-t-il? que peux-tu espérer? manque-t-il donc de sages et belles filles qui se trouveraient heureuses d'être recherchées par toi?.. Pourquoi veux-tu te rendre malheureux avec toutes ces chimères que tu te mets en tête?... Georges, je t'en supplie, redeviens mon bon petit garçon d'autrefois, si doux, si soumis. N'étais-tu pas plus heureux en ce temps-là ?

— Mais vous ne savez donc pas, mère, que je l'ai sauvée, reprit Georges, que je me suis couché en travers de la porte de l'appartement où j'avais porté mon Hélène après que je l'eus arraché des mains des forcenés qui voulaient la violenter, qui l'eussent tué sans doute si je n'avais été là pour la défendre et la protéger, si je n'avais déclaré qu'on n'arriverait jusqu'à elle qu'après m'avoir broyé le corps.

— Malheureux enfant, à quoi t'exposes-tu ? s'écria Madeleine toute tremblante.

— A mourir, mère, à mourir pour celle dont la vie seule avait suffi pour embraser mon cœur d'un amour brûlant et éternel. Lorsque le danger fut passé, lorsque le marquis reparut, lorsque sa nièce me présenta à lui en me proclamant son sauveur, cet homme orgueilleux daigna à peine fixer ses yeux sur moi; puis m'ayant balbutié un froid remercîment, il me tourna le dos en emmenant mon Hélène, qui n'eut que le temps de m'adresser un regard rempli de reconnaissance et de regret.

Ici Georges se leva brusquement et se mit à marcher à grands pas, ses poings se serraient, des larmes de rage roulaient sur ses paupières.

— Et voilà, reprit-il avec force, voilà

pourquoi il me faut du bruit, des dangers à courir, à braver jusqu'à ce que l'heure de la réparation ait sonné ! Voilà pourquoi je hais les nobles, je veux la liberté, l'égalité, pourquoi je veux être l'égal du marquis de Bussière, afin de posséder Hélène que j'aime de toute la puissance de mon âme, dont je suis aimé... Grâce au ciel, j'en ai la douce certitude.

— Quoi, as-tu donc revu cette jeune fille ? interrompit Madeleine avec surprise.

— Pensez-vous donc, chère mère, qu'il me soit désormais possible de vivre sans la voir ? Ne faut-il pas que je veille sur elle, alors qu'à chaque instant je suis menacé de la perdre. Et maintenant, mère, que vous connaissez la cause de mes longues absences, de mes tristesses profondes qu'illuminent parfois un rayon d'espérance, un éclair de joie, plaignez votre enfant et pardonnez-lui les chagrins qu'il vous cause.

— Georges, Georges, à toi ainsi qu'à ta pauvre mère tu prépares de terribles tourments, soupira Madeleine ; puis reprenant : Mais, dit-elle, comment revis-tu cette demoiselle ?

— Dès le lendemain du jour où je lui avais sauvé la vie, je trouvai le moyen de pénétrer dans le jardin de l'hôtel, où j'eus le bonheur de rencontrer celle que j'y venais chercher, assise sur un banc où elle se tenait triste et pensive. En m'apercevant, Hélène poussssa un cri de joie, se leva vivement et vint à ma rencontre.

— Ah! soyez mille fois le bienvenu, vous à qui je dois l'honneur et la vie, me dit-elle en me prenant la main pour me conduire au banc qu'elle avait quitté et m'y faire asseoir à ses côtés.

— Et que vous dites-vous, enfants, ainsi réunis? demanda Madeleine curieusement.

— Mère, après avoir écouté Hélène qui n'avait cessé de m'exprimer sa reconnaissance, j'osai lui parler de l'amour qu'elle m'a inspiré, et lui dire : Je vous aime.

— Grand Dieu, un pareil aveu de ta part à une noble demoiselle; quel audace! fit Madeleine. Et que te répondit-elle ?

— Je vous aime.

— Comment, elle aussi? exclama Madeleine en ouvrant de grands yeux.

— Et comme nos âmes volaient au-devant l'une de l'autre, un baiser et le serment de nous aimer toujours, célèrent notre pacte d'amour. Vous voyez bien, chère mère, qu'il faut que mon Hélène soit à moi, et pour cela que la raison triomphe des stupides préjugés qui se dressent entre elle et moi. En attendant, je veille, je souffre et j'espère.

— Silence, enfant, voilà ton père qui vient; au nom de Dieu! garde toi de prononcer devant lui le nom du marquis de Bussière, car s'il apprenait jamais que tu aimes la nièce de ce seigneur, il te maudirait.

C'était en effet maître Landry qui rentrait.

— Que fais-tu ici dans le cotillon de ta mère, lorsque les troupes du roi entourent Paris, et que les canons de la Bastille, braqués sur le peuple, se disposent à le foudroyer, dit Landry en entrant.

— Je vais me mêler à ce peuple et mourir avec lui s'il le faut, répondit Georges en se levant vivement. Mon père, ne venez-vous pas avec moi combattre pour la liberté ?

— Pars, et je ne tarderai pas à te suivre, répondit Landry, sur les lèvres duquel errait un malin sourire.

— Georges, mon enfant, reste ici, avec ta mère, je t'en conjure ! et toi Landry, y penses-tu d'envoyer ainsi notre fils à la boucherie? s'écria Madeleine en retenant Georges par un pan de son habit.

— Notre fils! murmura Landry en fronçant le sourcil.

— Mère, mon père a raison ; quand il s'agit de combattre la tyrannie, de conquérir le droit d'être un homme et de s'appartenir, un citoyen ne doit pas rester inactif; laissez-moi donc courir où la liberté et l'honneur m'appellent.

— Georges, laisse agir les turbulents, reste près de ta mère qui tremble pour tes jours; reste, mon enfant, si tu ne veux qu'il t'arrive malheur. — Madeleine parlait ainsi lorsqu'une violente rumeur se fit entendre dans la rue ; bientôt on put distinguer ces cris proférés par des milliers de voix : A la Bastille!... vive la liberté! aux armes!

— Entendez-vous, ma mère? s'écria

Georges transporté. Oh! oui, vive la liberté. — Le jeune homme court à la fenêtre d'où il aperçoit les groupes armés tant bien que mal, d'où partaient ces cris qui faisaient violemment battre son cœur et réveillaient son enthousiasme; puis il va prendre son épée, misérable arme de parade dont s'embarrassait en ce temps-là certaine classe de la bourgeoisie, peu faite pour le noble usage auquel Georges la destinait en ce moment, mais que son courage et l'entraînement pouvait rendre redoutable dans ses mains.

— Georges, dit Madeleine d'un ton sévère, j'espère que vous respecterez la défense que je vous fais de quitter la maison.

— Ma bonne mère, vous qui connaissez

l'état de mon cœur, ne me mettez pas à cette cruelle épreuve; au nom du ciel laissez-moi sortir!

— Mon fils, reprit la mère craintive, je vous ordonne de rester. Retirez-vous dans votre chambre.

Georges savait à peine ce qu'il faisait; cependant il obéit, mais son émotion était si grande qu'il chancelait comme un homme ivre en se rendant à sa chambre, où il se jeta désespéré sur une chaise.

— J'entends le canon qui tonne, ce me semble... Oui, je ne me trompe pas, c'est bien sa voix formidable, c'est la grande bataille qui commence; la bataille des esclaves contre leurs maîtres, leurs oppresseurs!... Et Hélène, que fait-elle? qui veille sur elle en ce moment solennel?..

Non, reprit-il en se levant vivement, je ne puis rester ici inactif, impassible! si le peuple triomphe, il se laissera sûrement entraîner à de fâcheux excès, les hôtels des nobles ne seront pas épargnés... Peut-être même en ce moment Hélène implore-t-elle secours et protection. Oh! mon Dieu!

Cette pensée acheva de le déterminer; saisissant les draps de son lit il en fit une sorte de câble qu'il attacha à la barre d'appui de sa fenêtre, puis il s'engagea dans cette voie périlleuse, et en peu d'instants il atteignit la rue. Un quart d'heure plus tard Georges se trouvait à la porte de l'hôtel du marquis de Bussière, qu'il assommait à coups de marteau sans pour cela se faire plus vite ouvrir.

— Que demandez-vous, jeune homme?

vint lui dire une vieille femme concierge de la maison voisine.

— Parbleu! je veux entrer dans cet hôtel, parler au marquis de Bussière, à sa nièce.

— Ah! ah! vous arrivez trop tard, jeune homme, car il y a quatre heures à peine que les patriotes, auxquels ces aristocrates refusaient de livrer les armes qu'ils cachaient dans leur cave, les ont fait déguerpir sous peine d'être pendus à la lanterne.

— Partie! Hélène, partie! s'écria Georges de l'accent du désespoir.

— Et bien leur en a pris, car l'oncle et la nièce couraient grand danger; de cette façon là ils se sont évités le désagrément d'assister au pillage de leur hôtel, dont les patriotes ont jeté les meubles par la fenêtre.

— Hélas ! je n'étais pas là pour protéger Hélène !... Où son oncle peut-il l'avoir conduite ?

— Je n'en sais rien, reprit la voisine en ricanant, mais ce qu'il y a de certain, c'est que si les deux aristocrates ont toujours marché du même pas, depuis qu'ils ont pris leurs jambes à leur cou, ils doivent être terriblement loin à l'heure qu'il est.

Georges ne répondit rien, ne demanda plus rien et tourna le dos à la voisine pour quitter l'Ile-Saint-Louis, et l'âme au désespoir prendre le chemin de la Bastille, où il arriva au moment où Delaunay, gouverneur de la forteresse, se voyant abandonné du dehors, se rendait et faisait baisser le pont-levis. Les assiégeants, qui s'étaient engagés à ne faire aucun mal, ne virent pas plutôt les portes de la Bastille ouvertes qu'ils s'y précipitèrent en emportant Georges avec eux pour envahirent les cours. Les Suisses, qui formaient une partie de la garnison, parviennent à se sauver. Les invalides, assaillis, ne sont arrachés à la fureur du peuple que par le dévouement des gardes-françaises. En ce moment, une jeune fille d'une grande beauté paraît dans la cour amenée par les patriotes, qui la rudoient sans pitié pour ses larmes.

C'est la fille du gouverneur, à mort la geôlière ! s'écrient plusieurs voix. On saisit la pauvre enfant, qu'on se disposait à brûler, lorsque Georges, indigné de ant de cruauté, se précipite, l'arrache aux furieux, auxquels il a su en imposer, et court la mettre en sûreté en la conduisant chez une mercière de sa connaissance, dont la boutique était située rue Saint-Antoine, et comme il se disposait à retourner dans la mêlée.

— Monsieur, lui dit la jeune fille, je vous dois la vie, soyez béni et que Dieu vous protége, quant à moi je ne vous oublierai jamais. Souvenez-vous de Charlotte de Vaudreuille.

— Je m'en souviendrai, mademoiselle, répliqua le jeune homme en s'éloignant.

Georges, de retour à la Bastille, et n'écoutant avant tout que la voix de l'humanité ; Georges, qui veut la liberté conquise par le courage et non par le massacre, arrive assez à temps pour sauver une seconde victime, en la personne d'un vieil invalide, que des misérables se disposaient à égorger; mais, moins heureux cette fois que la première, dans l'affreuse mêlée il reçoit en pleine poitrine la balle d'un pistolet et tombe à terre où il est foulé par les pieds de la populace.

III

Le lendemain, 16 juillet 1789, le jour commençait à poindre, lorsque Madeleine fut éveillée au bruit des coups sous lesquels retentissait la porte de sa demeure. La pauvre femme était seule, car Landry, qui depuis quelques jours faisait de fréquentes et longues absences, n'avait pas cette nuit couché au logis. Madeleine donc, qui fort inquiète de son fils, qu'elle n'avait pas la veille retrouvé dans sa chambre, et qui n'avait fermé l'œil de la nuit, en entendant frapper ainsi se jeta vivement en bas du lit pour courir ouvrir la fenêtre après avoir passé un vêtement à la hâte. Voyant en bas un groupe de gens d'assez mauvaise mine, elle s'enquit de ce qu'ils voulaient.

— C'est votre fils Georges que nous vous rapportons, hâtez-vous d'ouvrir, car le pauvre garçon est en piteux état, répondirent plusieurs voix.

— Sainte mère de Dieu! s'écria-t-elle, le malheureux aura été se faire tuer.

La pauvre femme, hors d'elle et plus morte que vive, descendit précipitamment, ouvrit la porte de la boutique, se fit jour au milieu du groupe, prit son fils dans ses bras, et avec cette force surhumaine que lui donnait l'amour maternel, le seul peut-être que la pauvre mère eût jamais ressenti ; elle emporta le moribond jusque dans l'arrière-boutique, où la suivirent les gens qui l'avaient éveillée.

— Oh ! merci, merci mes amis, dit-elle en joignant les mains. Mon Dieu ! ne me l'avez-vous rendu que pour le voir mourir sous mes yeux ? Qui de vous va chercher un médecin ?

Tous partirent presqu'en même temps à la recherche du médecin demandé, ce qui fut cause qu'il s'en présenta à la fois une demi-douzaine.

— La blessure, quoique fort grave, n'est cependant pas mortelle, dirent d'un commun accord les hommes de l'art.— Georges fut monté à sa chambre après avoir été lavé et bandé, puis étendu sur son lit où il resta près de huit jours sans connaissance. Landry, après une absence de quinze jours, revint enfin chez lui, où Madeleine s'empressa, les larmes aux yeux, de lui faire part de la position de Georges, en ajoutant que les médecins lui répondaient de sa vie. Cette dernière nouvelle, loin de paraître agréable à Landry, sembla au contraire le contrarier fort, car il fronça le sourcil en signe de mécontentement.

— Pierre, seriez-vous mécontent d'apprendre que votre fils vivra, que vous restez ainsi froid et silencieux à cette nouvelle? demanda Madeleine.

— Madeleine, la seule chose qui me contrarie est d'entendre sans cesse me mettre pour quelque chose dans la paternité de ce garçon, lorsque tu sais qu'il n'en est rien.

— Pierre, tu l'as élevé, accepté pour ton fils, tu lui as servi de père et il te regarde comme tel, il te respecte, il t'aime, et s'il souffre en ce moment, s'il a failli perdre la vie, c'est que, docile à tes conseils, il a pris part aux émeutes de la rue. Pierre, souviens-toi qu'en faveur de sa mère, tu as promis d'aimer son enfant et de l'appeler ton fils.

— Madeleine, je ne donnerai ce titre à Georges que le jour où j'aurai appris la mort du marquis de Bussière, et tout me dit que ce jour-là n'est pas éloigné.

— Que t'importe la vie ou la mort de cet homme que nous n'avons pas revu depuis le jour où nous avons quitté son château et la Bretagne ; puisque je n'ai jamais aimé que toi, pour qui j'ai toujours été une bonne et fidèle compagne ? Va, Pierre, oublie ce seigneur déloyal dont le souvenir est depuis vingt et un ans une souffrance, une torture incessante pour ton cœur, et pardonne généreusement à Georges le tort de sa naissance dont tu ne peux le rendre responsable.

— Attends et espère, Madeleine, car la chasse aux nobles se prépare, cruelle, implacable, comme ils l'ont été pour nous autres, gens du peuple, attends te dis-je.

— Pierre, il est mal de désirer la mort de son prochain, reprit la pieuse femme.

— Assez sur ce chapitre, Madeleine, fit Landry avec impatience, tout en se levant pour marcher à travers la chambre, et en donnant les signes de la plus vive agitation.

— Pierre, ne veux-tu venir voir Georges, auquel ta présence ferait grande joie?

— Oui, mais plus tard... va le prévenir de mon retour.

Madeleine s'éloigna avec tristesse, et Landry, resté seul, s'écria, avec colère en fermant les poings :

— Quoi, rien ne peut donc me délivrer du supplice de voir ce Georges ? Faudra-t-il donc pour me débarrasser de ce bâtard que je le tue moi-même !

Quatre mois s'étaient écoulés et Georges entrait à peine en convalescence, sa faiblesse était si grande qu'il ne pouvait songer à sortir de quelque temps et cela le désolait ; que pouvait être devenu le marquis de Bussière et surtout Hélène ? Cette question qu'il s'adressait à chaque instant le désolait, et l'impatience qui le dévorait ne servait qu'à rendre sa guérison plus lente. Les papiers publics que sa bonne mère lui apportait, ne lui disaient que trop combien les nobles étaient traqués, inquiétés, et que la plupart pour échapper à la prison ou à la mort, s'étaient empressés d'abandonner lâchement le roi et sa famille pour courir mettre leur personne en sûreté sur la terre étrangère.

C'était par une froide et neigeuse soirée du mois de décembre 1790, l'émeute hurlait dans les rues de Paris et les boutiquiers s'étaient barricadés chez eux quoi qu'il ne fût encore que neuf heures. Landry s'était absenté ce soir-là, et Madeleine, seule avec Georges, employait toute sa logique la plus persuasive, afin de retenir auprès d'elle son cher fils qui, entièrement rétabli, et brûlant du désir de savoir ce qui se passait dans la ville et causait la rumeur qui arrivait jusqu'à son oreille, voulait absolument sortir.

— A mort les aristocrates ! à la lanterne ! vive la liberté ! Tels étaient les cris féroces qui venaient de la rue, lorsque la mère et le fils entendirent frapper vivement sur la porte de la boutique.

— N'ouvre pas, Georges, ce sont peut-être des malfaiteurs? s'écria Madeleine en retenant le jeune homme qui s'élançait vers la porte.

— Au nom du ciel! sauvez-nous, sauvez-nous la vie, fit du dehors une petite voix douce et tremblante que reconnut aussitôt Georges, Georges du sein duquel s'échappa un cri de surprise et de joie, qui s'empressa d'ouvrir la boutique dans laquelle se précipitèrent vivement le marquis de Bussière et sa nièce Hélène.

— Sauvez-nous, cachez-nous! nous avons été reconnus, ils nous poursuivent et veulent nous tuer, s'écria Hélène pâle comme la mort en tombant presque sans connaissance sur une chaise.

— Au nom de la pitié et du ciel, si vous êtes d'honnêtes gens ne nous livrez pas, dit à son tour le marquis.

— Soyez sans inquiétude, monsieur, vous êtes ici en sûreté, dit Georges, Dieu vous a bien inspiré en vous envoyant vers nous.

— C'est moi, monsieur, qui, instruite de votre demeure, ai conduit ici mon oncle après être parvenue à faire perdre nos traces aux forcenés qui nous poursuivaient en l'intention de nous donner la mort, reprit Hélène un peu remise de sa frayeur.

— En plaçant votre confiance en moi, mademoiselle, vous avez bien fait, car vous vous êtes mis, vous et monsieur votre oncle, sous la protection d'amis dévoués, fit Georges.

Tandis que se disaient ces mots, Madeleine, après avoir fixé son regard sur le marquis, se mit à frémir et à pâlir, puis tirant son fils à l'écart :

— Georges, lui dit-elle, il ne faut pas que ces gens restent ici, ils ne faut pas qu'ils soient vus de ton... Madeleine allait ajouter le mot : père, lorsque la porte de l'arrière-boutique s'ouvrit vivement et que Landry se présenta le visage souriant.

— Mon père, vous approuverez sans doute l'hospitalité que nous venons de donner à ces deux personnes que poursuivaient des émeutiers? s'empressa de dire Georges.

— Certainement, et quoi que monsieur et mademoiselle me soient inconnus, je me fais un devoir de mettre ma demeure à leur disposition, répondit Landry du ton le plus poli et le plus empressé.

— Il ne le reconnaît pas ! Dieu en soit loué, se dit mentalement Madeleine.

— Je vous remercie, mon brave, et à charge de revanche, si jamais l'occasion venait à se présenter de vous rendre service, fit le marquis.

— Allons femme, il ne s'agit pas de regarder ainsi nos hôtes, mais bien de les faire souper, car ainsi que nous, ils doivent avoir appétit.

— Je vais dresser le couvert, mon ami.

Et cela, dit Madeleine, se mit à l'œuvre en plaçant la table au milieu de l'arrière-boutique, mais, sans quitter de vue son mari ni le marquis, lesquels venaient de s'asseoir devant le feu de la cheminée. Georges qui était resté seul dans la boutique avec Hélène, s'empressa de profiter de cet heureux instant pour s'entretenir avec la jeune fille et de se plaindre de ce qu'elle n'avait pas daigné lui faire parvenir de ses nouvelles depuis quatre mois qu'ils étaient séparés l'un de l'autre.

— Georges, ne m'accusez pas, car je n'ai cessé de penser à vous, mon ami, mon sauveur! Mais mon oncle et moi nous avons été forcés de quitter Paris subitement pour nous réfugier en Bretagne, à Ingrande, où sont situés les propriétés et le château du marquis de Bussière, mon oncle, devenu mon père adoptif depuis que la mort m'a privé de mes parents; Ingrande où nous avons passé trois mois et qu'il nous a fallu quitter pour revenir à Paris secrètement, afin d'y prendre des papiers importants que mon oncle avait oublié d'emporter avec lui lors de notre fuite, et qui, en ce moment, se trouvent cachés dans une armoire secrète de l'hôtel du quai Bourbon.

— D'où vous arrivez sans doute? s'informa Georges.

— Dans lequel il nous a été impossible de pénétrer, la municipalité s'en étant emparée pour y loger ce qu'on appelle des volontaires patriotes, gens grossiers, qui nous ont refusé l'entrée de l'hôtel et repoussé brutalement.

— Seraient-ce ces misérables qui vous poursuivaient lorsque vous avez frappé à notre porte? s'informa Georges.

— Pas eux, mais d'autres, des hommes armés de piques, portant des torches allumées et hurlant ces mots affreux : Mort aux aristocrates! Comme nous descendions, mon oncle et moi, la rue de Jouy, ces gens qui venaient à notre rencontre nous ont barré le passage, puis entouré en nous ordonnant de crier avec eux : Vive la nation, mort aux ci-devants, et comme nous hésitions à leur obéir : A la lanterne les aristocrates, s'écrièrent-ils, et ils nous saisissaient pour accomplir leur affreuse menace, lorsqu'une patrouille de gardes-françaises accourut à mes cris, nous arracha non sans peine des mains de ces furieux. Alors nous nous empressâmes de fuir, mais nous sachant poursuivis par ces hommes et ayant atteint votre rue, nous nous décidames à frapper à votre porte... Georges, c'est Dieu qui nous a guidés vers votre toit hospitalier, c'est Dieu qui a voulu que je vous fusse une seconde fois redevable de l'existence, termina Hélène en s'emparant d'une des mains du jeune homme pour la presser dans les siennes. — Tandis que les deux amants s'entretenaient ainsi dans la boutique, dans la pièce du fond, Madeleine inquiète et tremblante dressait le couvert du souper.

Le marquis de Bussière, assis devant le

feu et placé en face de Landry, s'appliquait à dévisager ce dernier, tout en causant des affaires du moment.

— Est-il possible, monsieur, que vingt et un ans d'absence aient amené un tel changement dans les traits de ma femme ainsi que dans les miens, au point que vous ne reconnaissiez pas en nous deux de vos anciens et fidèles serviteurs? dit Landry; question qui arrêta court Madeleine dans son ouvrage et la fit frémir de la tête aux pieds, car le sourire de son mari et le ton tout amical avec lequel il venait de prononcer ces mots, ne l'abusaient pas.

— Il serait possible? fit le marquis en fixant son regard sur les deux époux. Mais en effet, si je ne me trompe, je retrouve en vous mon ancien valet de chambre Landry et la bonne Madeleine, l'ex-camériste de feue ma pauvre femme, dit le marquis d'un air joyeux en tendant à Landry une main amicale, et en adressant à Madeleine un bon sourire, auquel la pauvre femme répondit d'un air froid et embarrassé.

— Monsieur le marquis, si nos traits ont vieilli, nos cœurs, qui n'ont rien oublié, sont restés les mêmes, c'est-à-dire toujours fidèles, dévoués et reconnaissants ; c'est vous dire que nous sommes tout à votre service, et que vous pouvez disposer de nous comme au temps jadis.

— Merci, mon brave Landry; oh ! ce n'est pas de refus, d'autant mieux qu'au temps présent, les gens de notre condition trompés, poursuivis, menacés de mort à chaque pas, sont fort embarrassés et ne savent à qui se fier.

— Eh bien, nous voilà, ma femme, mon fils et moi, tous trois disposés à vous être utiles en toute circonstance où il vous plaira de mettre notre dévoûment à l'épreuve.

— Ce soir, mon cher Landry, je n'ai rien autre à vous demander que l'hospitalité jusqu'à demain.

— Notre maison, mon cher maître, est à votre disposition autant de temps qu'il vous plaira de l'habiter.

— Merci Landry, mais je n'en abuserai pas ; car demain à la troisième heure après-midi, ma nièce et moi nous quitterons Paris.

— Sans doute pour vous rendre à votre château d'Ingrande ?

— Non Landry, car à Ingrande comme à Paris il n'y a plus de sûreté pour nous.

— Il se pourrait ! fit Landry avec surprise.

— Cela se peut tellement que mes chers et bien-aimés paysans viennent de m'en chasser, sous peine, si je ne déguerpissais au plus vîte, de me pendre et de brûler ensuite mon château.

— Infamie ! s'écria Madeleine.

— Alors, monseigneur, où comptez-vous vous retirer ? interrogea Landry.

— Parbleu, à Coblentz, où sont en ce moment Messieurs, frères du roi ; autour desquels toute la noblesse de France court se ranger, où M. le prince de Condé rassemble en ce moment une armée, à la tête de laquelle il compte mettre les mutins à la raison et de rétablir l'autorité du roi.

— Voilà qui est sagement agir et il réussira infailliblement, dit Landry.

— Certes! avant un mois tout sera rentré dans l'ordre, c'est une chose certaine, fit le marquis d'un ton d'assurance. Mais dites-moi, Landry, reprit-il, vous serait-il possible de me faciliter le moyen de pénétrer dans mon hôtel du quai Bourbon-en-l'Ile, lequel est occupé en ce moment par une bande de révolutionnaires, qui m'en ont refusé brutalement l'entrée aujourd'hui.

— Hum! cela me paraît être assez difficile, monsieur le marquis, mais quel intérêt si grand avez-vous à rentrer dans cet hôtel ! Serait-ce pour la douloureuse satisfaction de contempler l'état déplorable de dégradation où les émeutiers ont réduit cette riche demeure ?

— Non, Landry, mais pour y prendre une cassette qui renferme des papiers importants, laquelle cassette j'ai mise en sûreté dans une armoire secrète qui aura dû échapper aux recherches des saccageurs.

— Mon cher maître, croyez-moi, ne vous exposez pas en rentrant dans cette maison à être reconnu par quelques gens du quartier qui certes, ne manqueraient pas de vous dénoncer aux misérables perturbateurs qui l'occupent, et qui vous feraient alors un fort mauvais parti.

— Cependant, il me faut à tout prix cette cassette, car je ne puis partir sans emporter les papiers qu'elle renferme, s'écria le marquis.

— Mon cher maître, avez-vous confiance en moi, votre ancien et fidèle serviteur.

— Oui, Landry, confiance entière.

— Eh bien, monseigneur, indiquez-moi où je puis trouver votre cassette et je me fais fort de la remettre en vos mains, demain avant midi.

— Il serait possible ? fit le marquis dont le regard s'était animé d'une joie vive.

— Très possible, grâce au vin que j'aurai eu soin de verser à cette canaille ivrognesse, afin de la réduire à néant.

— Faites donc, Landry, et ma générosité égalera ma reconnaissance.

— Monseigneur, vous m'avez assez comblé de vos bienfaits sans que j'exige davantage; laissez-moi donc aujourd'hui profiter de l'heureuse occasion qui se présente de vous être utile et ne parlez nullement de cette générosité dont vous m'avez déjà donné tant de preuves.

— Landry, vous êtes autant reconnaissant que désintéressé; aussi, je n'hésite pas à me confier à vous; agissez donc, mon ami, car de la possession de cette cassette dépendent ma fortune et celle de ma nièce.

— Où la trouverai-je, monseigneur ?

— Dans mon cabinet d'étude, situé au premier étage du pavillon du jardin ; l'armoire qui la renferme est située à droite de la cheminée et masquée par un panneau sur lequel sont peints des bergers gardant leurs moutons.

— Fort bien ! mais comment ouvrirai-je cette armoire? s'informa Landry.

— En appuyant sur la tête de l'un des clous doré de l'encadrement, ce clou est le cinquième à gauche en partant du bas.

— Il suffit, monseigneur, tandis que vous allez souper ici, moi je vais me rendre à votre hôtel, et travailler à m'emparer de cette cassette, qu'avant le jour j'espère avoir remis entre vos mains.

— Allez, Landry, que Dieu seconde

votre entreprise, mais surtout ne vous exposez en rien.

— Soyez tranquille, monseigneur, car je connais le moyen infaillible pour endormir la vigilance de l'ennemi et je vais en user, répliqua Landry en se levant pour prendre son chapeau et s'éloigner ensuite après être sorti par la porte, qui de l'arrière-boutique donnait sur l'allée de la maison.

— Que va-t-il faire? est-il sincère? je ne puis le croire... Sainte vierge! inspirez-lui un bon mouvement : faites qu'il oublie sa haine et agisse en honnête homme, avait murmuré Madeleine en voyant son mari s'éloigner.

— Eh bien, Madeleine, vous ne m'avez encore rien dit depuis que je suis chez vous; me garderiez-vous rancune du passé, m'en voudriez-vous encore, si vous voyant jeune et belle j'ai osé vous aimer? dit le marquis en souriant.

— Monsieur de Bussière, n'éveillons pas un funeste passé, ne me forcez pas à rougir devant vous, et qu'il vous suffise de savoir que depuis vingt-deux ans il ne s'est pas écoulé un jour sans que le souvenir de votre crime ne m'ait coûté une larme, répondit Madeleine d'une voix émue.

— Quoi, Madeleine, autant de regret pour un instant de bonheur que vous m'avez donné.

— Silence! monsieur, voilà votre nièce et mon fils qui viennent à nous, dit Madeleine en voyant les deux jeunes gens se diriger vers l'arrière-boutique où ils entrèrent, où Georges salua le marquis très-respectueusement.

— Mon oncle, l'émotion à laquelle vous étiez en proie en entrant ici, vous a sans doute empêché de reconnaître en M. Georges, mon sauveur, et l'homme courageux auquel je suis redevable de la vie? fit Hélène.

— C'est ma foi vrai! oui, maintenant je vous remets, mon brave; c'est bien vous qui avez courageusement défendu ma chère nièce, le jour où après s'être réfugié dans mon hôtel, une canaille en fureur ne voulait rien moins que de me pendre, ainsi que cette pauvre fille que vous avez protégée, sauvée au risque d'être la victime de ce dévoûment généreux.

Jeune homme, recevez mes remercîments bien sincères, et croyez que je suis doublement joyeux de rencontrer dans le sauveur de ma nièce le fils d'un de mes anciens et dévoués serviteurs.

Ce dernier mot, en choquant l'orgueil de Georges, lui fit légèrement froncer le sourcil.

— Monsieur et vous, mademoiselle, veuillez prendre place à table, s'empressa de dire Madeleine tout en approchant des chaises.

Laissons souper nos quatre personnages ; laissons Georges s'enivrer du bonheur d'être assis à côté d'Hélène, de la servir, de sentir sa main blanche effleurer la sienne, et rejoignons Landry que nous retrouvons comme il traversait le pont

Marie et se dirigeait sombre et pensif vers l'hôtel du quai Bourbon.

Étant arrivé à destination, notre perruquier fut étrangement surpris de trouver la porte de l'hôtel fermée et de n'entendre aucun bruit dans l'intérieur, lui qui s'attendait à trouver cette demeure encombrée de patriotes ou de gardes-françaises. Landry frappa sur la porte, mais il eut beau l'assommer coups de marteau personne ne répondit à cette énergique appel.

— Décidément les drôles ont déserté le poste; ah! si le marquis s'était douté de cela, comme il se serait empressé d'accourir... Mais il ne suffit pas de rester ici inactif, mais bien de trouver le moyen d'entrer dans cette maison et de m'emparer de la précieuse cassette, à la possession de laquelle le marquis semble apporter tant d'importance, c'est sa fortune qu'elle renferme, dit-il... Fort bien! mais comme cet homme n'a pas craint de me voler l'honneur de ma femme, peut-être n'hésiterai-je pas, moi, à lui voler son bien... Autant cette vengeance qu'une autre.

Tout en pensant ainsi, Landry s'était éloigné de l'hôtel pour descendre le quai, afin de gagner la rue de Saint-Louis-en-l'Ile, sur laquelle rue donnait le mur du jardin de l'hôtel.

Il était alors une heure du matin, la rue était déserte et noire, le mur peu élevé, aussi fût-il facile à Landry de l'escalader sans effort ni difficulté. Une fois dans le jardin, notre homme se dirigea vers le bâtiment dont les issues étaient libres, les portes en ayant été brisées et brûlées. Landry alors s'empressa d'allumer une petite lanterne qu'il avait apportée, puis pénétra dans les appartements tout en se heurtant le pied à chaque pas, contre des débris de meubles, de vaisselles, qui encombraient le parquet. Landry, qui connaissait les êtres de cette maison qu'il avait habitée du temps qu'il était au service du marquis de Bussière, se dirigea tout droit vers le cabinet indiqué et l'armoire en question, fit jouer le ressort qui fermait cette dernière en appuyant sur le bouton, puis il s'empara de la cassette, la cacha sous son manteau, et il se disposait à reprendre le chemin de la rue tout en se réjouissant de la facilité avec laquelle il avait accompli l'entreprise, lorsque la pensée lui vint de profiter de la solitude dans laquelle il se trouvait pour prendre aussitôt connaissance de l'importance des papiers que contenait la cassette, et le parti qu'il en pourrait tirer s'il lui semblait bon de se les approprier. Ayant ainsi décidé, Landry, au moyen d'un morceau de fer qu'il avait arraché d'une boiserie, fit sauter la serrure du coffre et en sortit plusieurs papiers qu'il s'empressa de déployer afin de prendre connaissance de leur contenu. Le premier était un placet adressé au roi, écrit de la main même du marquis, dans lequel il se mettait tout à la disposition du monarque, en le suppliant de le choisir de préférence à tout autre pour remplir les missions secrètes qu'il adressait à son beau-frère l'empereur d'Autriche, au sujet des troupes qu'il lui demandait, afin de comprimer la révolution qui s'opérait en France et de rétablir son pouvoir méconnu. Le second papier était une lettre cachetée adressée à Hélène de Bussière ; cette lettre était ainsi conçue :

« Chère nièce,

« Mon dévoûment à la cause royale,
« l'honneur et mon titre de gentilhomme
« me faisant un devoir de suivre l'exem-
« ple de notre valeureuse noblesse de
» France, en courant me ranger sous le
« drapeau du prince de Condé et de
« prendre part aux combats que se dis-
« pose à livrer cet illustre général, en

« faveur de l'autel et du trône, je prends
« la plume pour te tracer ces lignes qui,
« si je devais rencontrer la mort sur les
« champs de bataille, te guideraient vers
« l'endroit où avant de quitter notre châ-
« teau de Bussière j'ai eu la précaution
« d'enterrer l'or et les effets précieux que
« j'ai su réaliser depuis deux ans en pré-
« vision de ce qui arrive aujourd'hui,
« que les droits du roi et ceux de la
« noblesse sont entièrement méconnus,
« que le peuple ose se révolter con-
« tre ses maîtres et prétend leur im-
« poser ses conditions. Ce trésor, chère
« nièce, dont tu deviens la légitime héri-
« tière à ma mort, et qui ne s'élève pas
« moins qu'à une valeur de trois millions,
« a été par moi, dans mon château d'In-

« grande, enfermé dans un coffre de fer
« et enterré à six pieds de profondeur
« dans le caveau mortuaire de nos aïeux,
« au pied de la tombe de ma chère et dé-
« funte femme. C'est là, ma chère Hé-
« lène, que tu retrouveras non-seulement
« ma fortune, mais encore celle qu'en
« quittant ce monde, ton père a confiée
« à ma probité pour te la remettre
« le jour qu'il te plaira de choisir et d'ac-
« cepter pour époux quelque gentilhomme
« digne de toi ; c'est là où je l'ai sous-
« traite aux chances du hasard, à la cupi-
« dité de mes paysans qui, de la manière
« dont marchent les choses, ne manque-
« ront certes pas l'occasion de se donner
« le divertissement de piller mon châ-
« teau, mais qui fort loin de s'imaginer

« qu'un trésor repose à côté des
« morts, n'auront garde d'aller l'y cher-
« cher... »

— J'en sais assez! fit Landry en cessant de lire. Ah! vous possédez des millions, monseigneur ; ah ! vous les enterrez et vous êtes assez maladroit pour confier ce secret au papier; assez imprudent pour faire tomber une aussi importante révélation dans les mains de l'homme auquel vous avez fait l'offense la plus grave, qui vous déteste et n'attendait depuis vingt-deux ans que l'occasion de se venger de vous. J'en suis bien fâché, monseigneur de Bussière, mais je décide dans ma sagesse suprême, que vous ne reverrez plus ni votre château ni vos millions, murmurait Landry tout en repliant les papiers, pour les mettre dans sa poche; pour ensuite jeter la cassette vide par la fenêtre, et après avoir mis le feu au cabinet, quitter l'hôtel par le même chemin qu'il avait pris pour s'y introduire.

Ce ne fut qu'au jour et comme sonnait la neuvième heure du matin que notre perruquier rentra dans sa demeure après avoir fait plusieurs visites dans la ville et fraternisé avec le peuple du faubourg Saint-Antoine.

— Enfin, te voilà de retour, Landry; tu peux te flatter de nous avoir donné de l'inquiétude et fait passer une mauvaise nuit, s'écria Madeleine en voyant son mari.

— Eh bien, mon père, avez-vous réussi à pénétrer dans l'hôtel? à vous emparer de l'objet que vous alliez y chercher? s'empressa de demander Georges accouru à la voix de Landry.

— Où est monsieur le marquis? s'informa le perruquier.

— En haut, dans notre chambre, où je l'ai installé avec sa jolie nièce, dès avant l'ouverture de la boutique et l'arrivée de Cocardeau, notre garçon, ne jugeant pas prudent de les exposer à être vus des gens qui viennent se faire raser et coiffer ici. J'ai bien fait, n'est-ce pas Pierre?

— Oui, femme, répliqua Landry.

— Voyons, et cette cassette, l'as-tu oui ou non? tu vois bien que Georges et moi nous sommes impatients d'apprendre...

— Que je n'ai pas réussi, que l'hôtel a été pillé, à moitié brûlé, et qu'il ne reste plus aucun vestige du cabinet ni des armoires qui s'y trouvaient. Êtes-vous satisfaits l'un et l'autre maintenant?

— Hélas! que va dire M. de Bussière! soupira Madeleine, mais tout bas.

Landry, sans plus attendre, monta l'escalier qui conduisait à la chambre, lequel était situé dans l'arrière-boutique, et se présenta d'un air contrit devant le seigneur et sa nièce.

— Eh bien Landry?

— Mauvaise nouvelle, monsieur, car les patriotes ne se sont pas seulement contentés de saccager votre maison, ils en ont incendié une partie celle où se trouvait situé votre cabinet, dont à l'heure qu'il est il n'existe plus que les quatre murs, ce qui fait que je n'ai pu retrouver ni armoire ni cassette.

— C'est un malheur, mon brave Landry; mais je préfère que cette cassette soit brûlée à la savoir tombée dans les mains des infidèles, répliqua en souriant le marquis, lequel en apprenant que les papiers qui, non seulement pouvaient révéler le lieu où il avait enfoui sa fortune et celle de sa nièce, et pouvaient encore trahir ses secrets politiques, étaient devenus la proie des flammes.

— Mais, monseigneur, à ce que je vois, paraît se consoler assez facilement de la perte d'un meuble à la possession duquel il semblait hier soir attacher une grande importance, observa Landry avec gaîté.

— Tu comprendras mon indifférence à

ce sujet, Landry, en apprenant que ce n'était pas à la possession de la cassette elle-même que j'attachais de l'importance, mais bien à ce que nul ne put prendre connaissance du contenu des papiers qu'elle renfermait, et puisque le feu s'est chargé de faire mon ouvrage en la détruisant, mon procès est gagné et tu me vois tranquille et satisfait.

— Alors tout est pour le mieux, reprit Landry.

— Pas encore, mon ami, car il me manque la possibilité de récompenser le zèle dont tu as fait preuve envers moi, en me donnant l'hospitalité sous ton toit, en te chargeant de la mission que tu viens de remplir, laquelle n'était pas sans péril puisqu'il s'agissait de te mêler à des misérables pilleurs et incendiaires, puis de tromper leur vigilance.

Mais sois sans crainte, mon fidèle serviteur, car si je suis aujourd'hui sans puissance ni argent, cela ne peut durer longtemps et je me souviendrai des services que tu m'as rendus, de ceux que j'attends encore de ton dévoûment.

— Parlez, commandez, monseigneur, votre très-humble valet est tout à votre service.

— Je n'attendais pas moins que cette bonne réponse et de ton obligeance, Landry.

— Qu'exige monsieur le marquis?

— Sambleu, que tu procures à ma nièce ainsi qu'à moi les moyens de sortir de Paris sans courir le risque d'être reconnus ni insultés; mon intention étant de me rendre à Versailles, afin d'y prendre les ordres du roi avant de rejoindre mes frères d'armes, qui tous en ce moment se rangent sous les drapeaux du prince de Condé, lequel dispose tout pour rentrer en France à la tête d'une vaillante armée, afin d'y rétablir la puissance du roi et de châtier les perturbateurs.

— Mais monseigneur n'a nullement besoin de moi pour aller à Versailles, où le conduira, s'il lui plaît, la première voiture publique, observa Landry, lequel depuis qu'il s'entretenait avec le marquis, semblait distrait, impatient et prêtait l'oreille aux bruits qui venaient de la rue.

— Ignores-tu, Landry, que la populace s'est échelonnée sur la route de Versailles, qu'elle pousse même l'insolence et l'audace jusqu'à cerner la demeure royale, afin d'y épier les faits et gestes de son roi ?

— J'ignorais, en effet, monseigneur ?

— Et, reprit le marquis, qu'elle ose même se permettre d'arrêter et d'insulter jusque dans leur carosse les personnages qui, appelés par le souverain, se rendent auprès de lui ?

— S'il en ainsi, reprit Landry, auquel les craintes que manifestaient le marquis semblaient ridicules, je me fais fort, monseigneur, de vous conduire ainsi que mademoiselle votre nièce, jusqu'aux premières marches du palais de Versailles, sans qu'il ne vous arrive rien de fâcheux.

— Fais donc, Landry; je me confie à toi... Mais quel est ce bruit qui se fait dans la rue et sous cette fenêtre, ajouta le marquis.

Landry courut à la fenêtre tout en se disant :

— Les voilà donc enfin ! je désespérais de leur arrivée.. Monseigneur, c'est la populace armée qui s'assemble devant ma maison... Permettez-moi d'aller m'enquérir de ce qui se passe.

— Au nom du ciel, monsieur, ne nous quittez pas, s'écria Hélène devenue pâle et tremblante.

— Oh ! ne craignez rien, mademoiselle, ce n'est ni à vous ni à nous qu'en veulent ces gens que le hasard amène seul dans cette rue, mais qui vont sans doute continuer leur promenade tumultueuse. — Comme Landry en souriant terminait ces derniers mots, Madeleine toute émue et tremblante se précipitait dans la chambre en disant :

— Cachez-vous, monseigneur, c'est à vous qu'en veulent ces gens, cachez-vous, car c'est à grand peine que Georges les retient pour les empêcher de monter.

— Ah! madame, sauvez-nous de leur fureur, car ils veulent nous tuer sans doute? s'écriait Hélène les mains jointes.

— Sambleu! s'il en est ainsi, ils ne nous tueront pas sans que j'en aie auparavant assommé quelques-uns, fit M. de Bussière en ramassant une barre de fer dans la cheminée.

Un tumulte affreux, des cris de rage

que dominait la voix de Georges, montaient jusqu'à la chambre ; c'est que dans l'arrière-boutique, et rudement secondé par Cocardeau, le garçon perruquier, Georges s'efforçait de repousser la hideuse populace qui essayait d'atteindre l'escalier en proférant les cris furieux de mort aux aristocrates. Georges et Coquardeau, quoique luttant comme des lions, perdaient du terrain ; puis accablés par le nombre, blessés, couvert de sang, ils furent enveloppés, terrassés et foulés aux pieds des agresseurs qui se précipitèrent vers l'escalier pour le franchir et envahir la chambre où les attendait le marquis en brandissant la barre de fer dont sa main était armée.

— Que venez-vous faire chez moi et de

quel droit vous permettez-vous de violer et d'envahir le domicile d'un citoyen paisible? demanda Landry d'une voix ferme tout en se plaçant devant le marquis et sa nièce.

— Nous venons chercher pour les pendre les deux aristocrates auxquels tu as donné asile hier soir, et que plusieurs des nôtres qui les poursuivaient, ont vu entrer chez toi, dit celui qui semblait être le chef de la bande.

— De quel droit, malheureux, prétendez-vous ainsi disposer de la vie des gens? fit Madeleine.

— Du droit qu'a tout esclave de tuer ses maîtres et persécuteurs lorsqu'il a brisé ses chaînes, répondit le chef.

— Oui, à mort les tyrans, les aristocrates! hurla la bande entière en s'avançant vers le marquis, lequel se disposait à faire une vigoureuse résistance, lorsqu'Hélène se plaçant entre lui et les agresseurs, s'agenouilla et croisant les mains, s'écria d'une voix douce et suppliante :

— Grâce, pitié pour mon second père, pour celui qui fut toujours un bon et généreux maître, et que tous ses serviteurs regrettent et bénissent.— Mais loin de s'arrêter devant la beauté, la faiblesse, les prières de la jeune suppliante, les soi-disant patriotes la repoussent brutalement et se précipitent vers le marquis de Bussière, lequel se tenant sur la défensive, assomme à coups de barre les premiers qui osent le toucher.

— Feu sur l'aristocraste ! s'écrient de

l'accent de la rage les émeutiers en voyant tomber leurs camarades ; alors plusieurs coups de feu éclatent et les balles en épargnant le marquis vont s'enfoncer dans la muraille. — Le marquis, devenu un lion furieux, s'est élancé au milieu du groupe de ses agresseurs, et là, frappant sans relâche, assomme et renverse. C'est alors que Georges tout sanglant se présente et vient à son aide, suivi de Coquardeau, et que tous deux, armés de sabres, frappent d'estoc et de taille, font si bien enfin que les patriotes intimidés reculent, et par ce mouvement de retraite démasquent l'escalier.

— Fuyez, s'écria Georges en s'adressant au marquis.

— Voulez-vous donc que ces misérables vous assassinent à ma place? répond M. de Bussière sans cesser de frapper et de parer les coups qu'on cherche à lui porter. Georges, alors de l'imiter, tout en cherchant Landry des yeux, Landry qu'il n'aperçoit pas parce qu'il avait quitté la chambre ; Georges, qui n'aperçoit que sa chère Hélène, sans connaissance dans les bras de Madeleine, toutes deux réfugiées dans un coin.

Le combat se continuait donc avec non moins de fureur, la chambre était jonchée de blessés et de morts, lorsqu'un peloton de gardes françaises, qu'avaient été requérir les gens du voisinage, en se présentant la baïonnette en avant, vint égaliser la partie et faire cesser le combat, en refoulant les émeutiers au fond de la chambre.

— Fuyez, au nom du ciel! fit de nouveau Georges en s'adressant au marquis, après avoir vu s'échapper Madeleine qui emportait Hélène dans ses bras.

Et comme M. de Bussière hésitait encore, Georges et Coquardeau profitant du moment où les gardes-françaises luttent contre les émeutiers, s'emparent chacun d'un des bras du marquis pour l'entraîner vers le palier de l'escalier où se trouvait une petite fenêtre donnant sur un toît, par laquelle Georges força le seigneur de s'échapper en lui conseillant d'aller se blottir entre deux cheminées qu'il lui montra du doigt et de s'y tenir caché jusqu'à nouvel ordre.

Les émeutiers, contraints de se rendre, vidèrent la maison qu'ils n'abandonnèrent pas sans faire entendre les plus violentes menaces, celles du pillage, de l'incendie, de mort aux aristocrates ainsi qu'à leurs partisans.

Restés maîtres des lieux, le premier soin de Georges et de Coquardeau furent de chercher Madeleine et Hélène qu'il retrouvèrent à moitié mortes de frayeur dans un petit cabinet où elles s'étaient réfugiées, puis ensuite, d'aller chercher le marquis dans sa cachette pour le ramener dans l'intérieur de la maison.

— Monsieur, il faut vous éloigner au plus vite, car je crains une nouvelle invasion de la part des collègues de nos agresseurs, et cette fois il se pourrait faire que nous ne nous en retirions pas aussi heureusement, dit Georges.

— Je suis de cet avis, mon digne ami, mais voyez, la rue en ce moment est entièrement envahie par le peuple qu'a rassemblé notre aventure ; comment nous échapper ma nièce et moi, sans courir le risque d'une nouvelle et fâcheuse affaire ?

— Rien de plus facile, monsieur, que d'éviter tout ce monde curieux et bavard, suivez-moi et surtout hâtons-nous, car la police ne peut tarder de se rendre ici pour faire une enquête afin de constater le nombre des morts et des blessés qui sont là-haut, disait Coquardeau, tandis que Georges s'était rapproché de sa mère et d'Hélène.

— Guidez-nous, mon ami, nous sommes tout disposés à vous suivre, répondit M. de Bussière. Allons Hélène, encore un peu de courage, mon enfant, reprit-il en présentant la main à sa nièce qui se leva de sa chaise pour s'appuyer sur son bras, tout en fixant sur Georges un regard où se peignait la douleur et le regret.

— Mes amis, nous nous reverrons dans un jour meilleur et prochain, je l'espère, mais s'il devait en être autrement, croyez que jamais je n'oublierai le service que vous nous avez rendu, que c'est à votre dévoûment, à votre courage, que ma nièce et moi sommes redevables de la vie... Mais où est donc ce brave Landry, je ne l'aperçois pas, ajouta le marquis en cherchant des yeux.

— Monsieur, il est probable que mon

père est en ce moment à la maison de ville où il se sera rendu pour rapporter ce qui se passait chez lui et réclamer du secours ; je ne doute nullement que ce ne soit à son intervention que nous soyons redevables de la présence des soldats qui sont venus nous délivrer si à propos... Mais le temps presse, hâtez-vous de quitter ces lieux.

— Partons, fit le marquis.

Hélène se jeta au cou de Madeleine pour l'embrasser, puis elle suivit son oncle que Georges et Coquardeau faisaient sortir par une porte de l'arrière-boutique qui donnait sur une petite cour. Là, une échelle fut dressée contre un mur d'à peu près quinze pieds d'élévation que le marquis franchit le premier, aidé par Coquardeau, puis vint le tour d'Hélène que Georges prit dans ses bras, tout en lui murmurant ces mots :

— Chère Hélène, vous reverrai-je jamais ?

— Dieu nous réunira, mon ami, aimez-moi, ne m'oubliez pas et espérez, répondit Hélène en déposant un premier baiser sur la joue du jeune homme qu'elle mouilla de ses larmes.

— Hélène, je n'aimerai jamais que vous, et si je ne devais plus vous revoir, croyez que mon dernier regret, mon dernier soupir, seront pour vous.

— Moi de même, mon Georges ; oui, amour pour la vie et jamais autre que vous.

Georges, enivré par ces douces paroles,

rendit à la jeune fille le baiser qu'il en avait reçu, puis il monta l'échelle avec son précieux fardeau qu'il laissa glisser de l'autre côté du mur dans les bras de son oncle. Georges sauta à son tour.

Tous les quatre se trouvaient alors dans le jardin d'une maison voisine, d'où ils s'échappèrent en sautant dans un autre, puis en franchissant une haie d'arbustes qui les mit dans un troisième jardin, d'où ils sortirent par une petite porte à l'usage des jardiniers, de laquelle, au moyen de son couteau, Coquardeau avait dévissé la serrure.

Une ruelle déserte qu'ils longèrent et qui les conduisit derrière l'église Saint-Paul, d'où ils gagnèrent les bords de la Seine sans avoir fait nulle fâcheuse rencontre, quoi qu'ils entendissent bruire l'émeute au loin de par la ville.

Coquardeau, grâce à la passion dont il était imbu pour la pêche à ligne, avait depuis longtemps fait pacte d'amitié avec un marinier du port Saint-Paul, lequel lui laissait disposer de son bateau selon son bon plaisir; ce fut dans ce même bateau que notre garçon perruquier s'empressa de détacher de la rive, après y avoir fait monter le marquis, Hélène et Georges, pour ensuite ramer et se diriger en pleine rivière, dont le courant les descendit doucement jusqu'à Chaillot, où ils débarquèrent à la nuit tombante; où le marquis et sa nièce, après avoir adressé de nouveaux remercîments aux deux jeunes gens, montèrent dans une voiture de place pour s'éloigner et suivre la route de Versailles, près de laquelle route le bateau les avait déposé d'après le désir qu'ils en avaient manifesté.

IV

En suivant tristement du regard cette voiture qui emportait ses chères amours, celle qu'il ne devait peut-être plus revoir jamais, Georges se mit à soupirer, à répandre des larmes qui, pareilles à des perles désenfilées, roulèrent sur ses joues.

En présence de ce chagrin profond, Coquardeau, être bon et dévoué par excellence, sentit lui-même la tristesse lui mordre le cœur.

— Allons, du courage et de l'espoir, mon cher monsieur Georges ; vous la reverrez, cette jolie fille, et dans un temps meilleur sans doute; pour l'instant contentez-vous du bonheur de vous savoir aimé d'une aussi bonne et belle demoiselle, et que cette certitude soit votre consolation pendant l'absence, disait Coquardeau tout en pressant amicalement la main de Georges qui, ayant perdu de vue la voiture ramena son regard tout plein de tristesse et de surprise sur son compagnon.

— Oh! je sais tout ; croyez-vous donc Georges, que, lorsque j'étais, il y a deux heures de ça, à cheval sur le mur et en train d'attendre qu'il vous plût de terminer les gentils adieux que vous et mademoiselle Hélène vous vous adressiez, que mon oreille était restée sourde, que mes yeux avaient cessé de voir ?

— Eh bien oui, mon cher Coquardeau, j'aime Hélène de toute la force de mon âme et de mon cœur, et cela sans espoir aucun, fit Georges.

— Pourquoi, sans espoir? dit Coquardeau.

— Parce qu'Hélène est d'un sang noble et que je ne suis qu'un roturier, qu'elle est riche que je suis pauvre, ignoré, enfin parce que je ne possède aucun titre, aucun droit qui me permettent d'aspirer à sa main, et que son oncle, seigneur orgueilleux de sa naissance, de ses titres, de ses richesses, me chasserait sans pitié si je poussais l'audace jusqu'à lui demander la main de sa nièce.

— Bah! chimère que tout ça! nous autre peuple, ne travaillons-nous pas en ce moment à égaliser les conditions, à l'abolition des titres.

— Vous avez raison, Coquardeau, mais quand bien même je deviendrais, comme homme, l'égal du marquis de Bussière, le serais-je jamais du côté de la fortune, moi qui n'ai ni position ni fortune, moi le fils d'un simple perruquier; en suite, pensez-vous donc que parce que nous privons les nobles de leurs titres et honneurs qu'ils en seront moins orgueilleux pour cela? Je crains au contraire qu'ils n'en deviennent que plus vindicatifs et hostiles à nous autres gens de roture.

— Je pense ainsi que vous sur ce dernier point, reprit Coquardeau; mais est-ce une raison parce que parmi les nobles il se soit trouvé des êtres orgueilleux, durs pour les pauvres gens du peuple, qu'il n'en existe pas de généreux et de reconnaissants, assez sensés enfin, pour comprendre que tous les hommes étant les enfants de Dieu et nés de la même manière, sont tous du même sang et ne peuvent s'élever au-dessus les uns des autres que par la supériorité des sentiments de l'âme et du cœur?

Georges, j'ai le pressentiment que M. le marquis de Bussière est un de ces hommes là, et comme vous lui avez sauvé la vie ainsi qu'à sa nièce, je pense qu'il ne vous refuserait pas la main de mademoiselle Hélène, si vous osiez lui en faire la demande.

— Si je poussais l'audace à ce point, mon cher Coquardeau, un refus humiliant en serait la conséquence. Car le marquis, tout étant homme d'esprit, admettons même exempt des préjugés de sa caste, ne pourrait faire autrement en l'intérêt de sa nièce, que de me demander quelle est ma position sociale, mes talents et ressources, les garanties d'existence que tout homme doit apporter à la fille qu'il veut épouser, dont il prétend devenir le soutien, le protecteur ; ce que le plus simple bourgeois, enfin, demande à celui qui a la prétention de devenir son gendre. Or, lorsque je répondrai au marquis, qu'étant fils de perruquier, je suis perruquier moi-même, que tout mon avoir consiste dans l'art de raser et de donner un coup de peigne, pensez-vous, Coquardeau, que le riche M. de Bussière, séduit par de pareils avantages, s'empresserait de me nommer son neveu? dit en souriant tristement Georges.

— Hum! fit Coquardeau d'un air de doute et en branlant la tête. Mais, reprit-il, qu'importe votre pauvreté, mon cher

Georges, du moment que votre femme serait riche pour deux.

— Coquardeau, l'argent en cette circonstance ne serait, je pense, aux yeux du marquis, qu'une question secondaire ; mais c'est le mérite qui me manque, le mérite que donnent les sciences, l'honneur, la bravoure, ces vertus qui élèvent l'homme et aplanissent souvent les obstacles qui s'èlèvent entre lui et le bonheur auquel il aspire.

— Alors faites en sorte d'acquérir tout cela, dit Coquardeau; vous êtes jeune, spirituel, courageux et honnête homme, en voilà plus qu'il n'en faut pour parvenir, pour vous créer un nom et mériter votre Hélène... Faites-vous poète, musicien, peintre, médecin même s'il le faut, nobles professions, seules capables de sortir un nom de l'obscurité et de l'illustrer.

— En effet, mais pour se livrer à l'étude d'un art quelconque il faut du temps et de l'argent, deux choses qui me manquent, mon cher Coquardeau.

— C'est juste... Mais j'y pense! l'épée donne aussi l'honneur, la gloire, la fortune, que ne vous faites-vous soldat?

— Vous avez ma foi raison, Cocardeau, d'autant mieux que l'abolition du privilège vient de placer dans la giberne de chaque soldat un bâton de maréchal... Oui, soldat! bonne idée! j'y songerai, répliqua Georges tout joyeux.

C'était en regagnant pédestrement la rue Saint-Antoine, en suivant les quais, que nos deux jeunes gens causaient ainsi; lorsque, ayant atteint leur domicile, comme dix heures sonnaient aux horloges du quartier, la douleur égala la surprise dont furent saisis Georges et son compagnon, en voyant la boutique de maître Landry brisée, ravagée, réduite en morceaux, désastre que contemplaient avec curiosité et tristesse les voisins et passants rassemblés devant la porte.

— Que s'est-il passé, grand Dieu? qui donc a commis ce désastre? où est ma mère? s'écriait Georges au désespoir.

— Qui? parbleu, les soi-disant patriotes, une bande de gueux qui sur la brune sont venus faire ce bel ouvrage, sous le prétexte que vos parents et vous, Georges, avez donné asile à deux nobles, à deux ennemis de la nation, et que pour les soustraire à la vengeance du peuple qui voulait s'en emparer pour les pendre, vous n'avez pas craint de faire résistance et d'assassiner les bons patriotes qui vous sommaient de leur livrer ces aristocrates, murmura une voisine à l'oreille du jeune homme.

— Mais, ma mère! ma bonne mère! demanda Georges affreusement inquiet.

— Vous la retrouverez chez Jacqueline la blanchisseuse de la rue des Barres, où elle s'est réfugiée afin d'échapper à la rage des gredins, qui non contents debriser son ménage, ne parlaient rien moins que de la pendre en qualité de traitre à la nation.

— Les misérables! et je n'étais pas là! mais mon père?

— Il était absent lors de ce beau vacarme, répondit la voisine.

Georges n'en demanda pas davantage, il s'éloigna en entraînant Coquardeau et se dirigea vers la rue des Barres, où lui et son compagnon pénétrèrent chez la blanchisseuse, où sa mère pâle et en larmes le reçût dans ses bras.

Laissons un instant la mère et le fils causer ensemble et se prodiguer leurs mutuelles consolations pour nous transporter dans une misérable mansarde située à un cinquième étage de la rue de Lappe, non loin de la Bastille.

Dans ce taudis sont attablés deux hommes causant et discutant ensemble le verre à la main.

— Ainsi, disait l'un d'eux à l'autre, tout est brisé?

— Tout! boutique, meubles, vaisselle, plus rien d'entier, excepté ta femme qui, effrayée par les menaces de mort que lui avait adressé cette brute de Polycarpe le savetier, s'est ensauvée en toutes jambes, ce qui nous a permis d'achever l'ouvrage tout à nôtre aise.

— Corbleu! tu es bien sûr Guillaume

qu'il n'est rien arrivé de fâcheux à Madeleine?

— Je te la garantis au grand complet, pas un cheveu de moins; par exemple, je crois que je n'en dirais pas autant de monsieur ton fils s'il était tombé sous notre main, car mes hommes avaient à venger sur lui la mort des camarades qu'il a escoffié ce matin en se rangeant du parti de l'aristocrate.

— Corbleu! il est heureux aussi pour vous que Georges et Coquardeau ne soient pas arrivés ce soir au moment où vous faisiez la besogne ; car, alors, plus d'un de vous ne serait pas sorti vivant de la maison.

— Possible! mais comme nous n'étions

pas manchots, monsieur ton fils et son Coquardeau, à leur tour y auraient passé le goût du pain, pour sûr.

— Aussi, dans leur intérêt et le votre ai-je eu soin de vous prévenir de leur absence; car, quoique ne me sentant pas une forte dose d'affection pour Georges, je n'en suis pas encore arrivé au point de désirer sa mort, et cela par égard pour sa mère dont il est la vie et le bonheur, par égard pour ma douce Madeleine que j'aime encore.

— Ce qui ne t'empêche pas, Landry, d'exposer la chère femme à mourir de peur et de chagrin en lui procurant le gentil spectacle dont tu l'as gratifié aujourd'hui; une boucherie dans laquelle son fils bien-aimé jouait un des rôles principaux; acte deux, le pillage de sa maison... Ah çà, franchement, Landry, à quoi veux-tu en venir? quel intérêt te pousse à faire disparaître du nombre des vivants ce marquis de Bussière ainsi que sa nièce? mieux encore à nous payer pour saccager ta boutique et de la ruiner de fond en comble; foi de chiffonnier, je n'y peux rien comprendre.

— Je t'ai déjà dit, Guillaume, que dans tout cela il y avait un secret d'État, et que je n'agissais de la sorte qu'en vertu d'ordre supérieur.

— Comme ça il est de l'intérêt du pays que le marquis et sa nièce tournent de l'œil et que tu fasses saccager ta maison?

Dame! c'est possible! la politique est si farce et pourvu que ce soit elle ou toi qui nous paye pour faire la besogne, il n'est pas nécessaire que nous en sachions davantage, ajouta le chiffonnier avec résignation et indifférence.

— Il m'est d'avis qu'on ne doit payer l'ouvrier que lorsqu'il a rempli sa tâche, observa en riant maître Landry.

— Eh bien! est-ce que nous n'avons pas fait la nôtre en conscience?

— Non, car il vous était ordonné de par ma voix, de tuer le marquis de Bussière et sa nièce, et tous deux à l'heure qu'il est courent les champs en bonne santé.

— Mille tonnerres! est-ce de notre faute si ton damné de fils est venu nous contrarier dans la besogne? Quant à l'expédition de ce soir, tu n'as pas à t'en plaindre j'espère, car elle s'est opérée telle que tu nous l'avais recommandée.

— Aussi, t'ai-je grassement payé, fit Landry.

— J'en conviens, cinq cents livres pour avoir servi la nation en cassant la vaisselle du perruquier Landry; aussi mes gens et moi sommes nous tous à ton service.

— Dis : à celui de la nation, puisque je n'agis qu'en vertu de ses ordres et de ses intérêts, répliqua Landry en se levant de table.

— Avant de nous séparer, n'as-tu pas quelque besogne à nous commander pour demain? demanda Guillaume.

— Rien encore; cela viendra peut-être cette nuit, alors je saurai te retrouver.

Cela dit, Landry quitta la mansarde et gagna la rue pour se diriger du côté de sa demeure, où, en présence des voisins rassemblés, et en habile comédien, il joua la surprise et le désespoir en criant à l'infamie, en se disant ruiné, sans ressources et condamné à la plus affreuse misère pour le reste de ses jours.

Instruit du lieu où s'était réfugiée sa femme, il s'empressa de se rendre auprès d'elle avec un visage de circonstance, dans lequel se peignaient la douleur et l'indignation.

En le voyant paraître, Madeleine s'arracha des bras de son fils pour courir se jeter en larmes dans les siens, en s'écriant d'une voix que saccadait une douloureuse émotion : Ruiné! plus rien que la misère!

— Je sais tout, ma chère Madeleine, mais calme cette vive douleur et espère, car je suis encore assez robuste et courageux pour gagner notre pain à tous deux, que chacun m'imite en travaillant pour son compte et tout se réparera, dit Landry en regardant Georges.

— Je vous comprends, mon père, je

dois aujourd'hui que le malheur vous accable; renoncer à l'existence inactive que j'ai été assez coupable pour mener jusqu'alors, je dois et je veux joindre mes efforts à ceux que vous allez tenter pour rendre le repos et l'aisance à votre femme, à mon excellente mère. Commandez, mon père, dites ce que je dois faire et j'obéirai; je serai votre ouvrier, votre aide, je travaillerai jour et nuit s'il le faut, fit Georges.

— Ce que vous avez de mieux à faire, Georges, est de chercher à vous placer chez quelque confrère et de justifier la confiance qu'il aura placée en vous par votre assiduité au travail ; quant à votre mère, ainsi que moi, ne vous en inquiétez nullement.

— Quoi, mon père, ne voulez-vous de moi pour votre garçon perruquier ? demanda le jeune homme d'un air où se lisait la surprise et la douleur.

— Landry, tu affectes notre enfant ; pourquoi, lorsqu'il se décide à travailler, à te seconder, veux-tu l'envoyer chez un étranger ? demanda Madeleine.

— Parce que je renonce au métier de perruquier, parce que nous allons quitter Paris, cette ville de bruit et de désordre, pour retourner dans notre belle et paisible Bretagne ; parce qu'il est de l'intérêt de Georges de rester ici et de se faire une position qu'il ne pourrait se créer dans les campagnes que nous allons habiter, répliqua Landry d'un ton froid et sévère.

— Quoi, Pierre, tu veux quitter Paris, abandonner notre enfant, m'en séparer? s'écria Madeleine éplorée.

— Corbleu! as-tu donc espéré le garder dans tes jupes jusqu'à ce qu'il meure de vieillesse? Georges n'est-il pas en âge de devenir son maître et de pourvoir à ses besoins? répliqua brusquement Landry.

— Ma mère, ne contrarie pas la volonté de mon père, car il a raison en exigeant que je devienne un homme sérieux, et puisqu'aujourd'hui il m'affranchit de sa tutelle, et me rend libre, je lui dirai avec franchise que, ne me sentant aucune des dispositions nécessaires pour devenir un habile perruquier, je renonce à ce métier auquel je préfère celui de soldat.

— Soldat! toi soldat! lorsque la guerre surgit de toutes parts! soldat pour te faire tuer ou estropier, y penses-tu mon enfant? s'écria Madeleine toute alarmée et tremblante.

— Oui, ma bonne mère, je veux être soldat, je veux me faire un nom, conquérir mes grades à force de zèle et de courage; enfin! je veux être quelque chose en ce monde; or, consolez-vous, ma bonne mère, tous les soldats ne meurent pas, et ceux que désormais daigneront épargner les balles, acquerront de la gloire et des honneurs, ce que je veux, ce que je brûle de mériter, ce qu'il me faut pour être heureux un jour, vous le savez bien, ma chère mère!

— Georges a raison, Madeleine, il vaut

mieux être un bon soldat qu'un mauvais perruquier, et vu cette considération, je lui permets de s'enrôler.

— Mais, vous vous entendez donc tous les deux pour me faire mourir de chagrin ? s'écria Madeleine en pleurs.

— Consolez-vous, ma bonne mère, et laissez-moi faire ; car sous peu de temps, à en juger par ce qui se passe et par ce qui se prépare, il n'y aura pas de meilleur métier que celui que je veux prendre. Il est vrai que j'ai du chemin à faire pour arriver où je veux aller, mais j'arriverai, je vous le promets, car j'irai vite, très-vite.

Madeleine voyant qu'il lui serait imposible de faire revenir Georges sur une détermination aussi prononcée, n'essaya plus et se contenta de répandre les larmes qui la suffoquaient, mais que son fils parvint à apaiser à force de caresses et de consolations.

— Madeleine, reprit Landry, nous n'avons plus d'asile, car il nous serait dangereux de rentrer dans notre boutique, où les émeutiers, qui nous en veulent, ne cesseraient de nous tourmenter ; ensuite, l'horizon politique qui se rembrunit de plus en plus, nous annonce de mauvais jours qu'il ne serait pas prudent de passer à Paris. Or, dispose-toi donc à partir dès demain pour la Bretagne, pour Ingrande, notre pays natal, où je me fais fort de gagner notre pain. Quelques épargnes, que j'ai eu le soin de mettre en sûreté, desquelles ton fils aura sa part, vont nous faciliter le voyage et nous permettre d'exister le temps que nous resterons sans travail, ce qui sera de peu de durée... Réponds, Madeleine, est tu décidée ?

— Je le suis, Pierre, car du moment que notre fils nous quitte, habiter un pays ou un autre m'est fort indifférent.

— Mère, votre fils n'est pas perdu pour vous, et si ce n'est à Paris qu'il vous embrasse, ce sera à Ingrande, où il promet d'aller vous voir, autant que son service le lui permettra.

— J'y compte, mon enfant, soupira tristement la pauvre mère.

A ce moment Coquardeau se présenta dans la chambre où il venait prendre les ordres de Landry.

— Garçon, lui dit gaîment ce dernier, messieurs les patriotes m'ayant ruiné en détruisant ma boutique, et n'ayant plus besoin du service de personne je te donne ton congé ! Tâche de trouver une autre condition et que le bon Dieu te soit en aide.

— Comment, patron, vous perdez ainsi courage et abandonnez vos pratiques? Hélas! mais que vont-elles devenir étant privées de votre talent?

— Elles s'adresseront à un autre, voilà tout, et si tu crains qu'elles s'en trouvent mal, comme les maîtrises viennent d'être abolies et que chacun est désormais libre de tenir boutique, établis-toi et coiffe ma clientèle.

— Mais alors, qu'allez-vous devenir, mon cher patron? demanda Cocardeau.

— Ma femme et moi nous retournons dans notre pays et Georges se fait soldat.

— Soldat! fameuse idée! alors je me fais soldat aussi et m'enrôle dans le même régiment que lui; ça vous va-t-il, Georges?

— Très-volontiers! répondit le jeune homme en venant serrer la main de Cocardeau.

— Eh bien, c'est dit; quand la signature?

— Aujourd'hui même à la municipalité.

— Superbe! allons y ensemble! s'écria joyeusement Cocardeau.

Huit jours après, nos deux héros en herbe rejoignaient à Lille le régiment d'infanterie dans lequel ils s'étaient enrolés.

V

Depuis un mois, Landry et sa femme, de retour à Ingrande, où à leur arrivée, les habitans leur avaient fait bonne et joyeuse réception en qualité d'enfants du pays, s'étaientt momentanément installés dans une petite maison située hors la ville, à quelque distance du château du marquis de Bussière, de cette magnifique propriété devenue silencieuse et déserte depuis que le maître avait été forcé de l'abandonner, afin de se soustraire, ainsi que sa nièce, aux menaces et insultes dont ne cessait de les accabler la populace du pays, excitée par les agents que les partisans de la Révolution entretenaient dans les provinces. Landry, sous le prétexte de chercher de l'occupation, laissait Madeleine seule la plupart du temps, solitude dont profitait la pauvre femme pour pleurer tout à son aise l'enfant bien-aimé dont elle était séparée et inquiète, quoique Georges, fidèle à la promessse qu'il lui avait faite en s'éloignant d'elle lui eût déjà écrit deux fois.

Le premier soin de Landry, à peine arrivé au pays, avait été de relier connaissance avec le concierge du château, ancien jardinier, auquel le marquis de Bussière, contraint de quitter son domaine, en avait confié la garde.

Landry, reconnu par le vieux Dominique, ainsi se nommait le concierge-gardien, pour un ancien serviteur de la maison, avait été accueilli par ce dernier avec amitié et confiance, d'autant mieux qu'il s'était empressé de raconter à Dominique le danger qu'avaient couru à Paris le marquis ainsi que sa nièce Hélène; en s'attribuant tout le mérite d'avoir sauvé la vie à tous deux; dévoûment qui avait occasionné le pillage de sa maison de la part des émeutiers, et par conséquent sa ruine entière.

— Pauvre et excellent Landry! si dévoué et si malheureux! Oh! mais laissez revenir notre excellent maître, ce qui ne peut tarder, et vous serez magnifiquement récompensé ainsi que votre chère femme, cette bonne petite Madeleine, car M. le marquis est la générosité en personne, avait répondu Dominique en serrant les mains de Landry dans les siennes.

— Fort bien! mais en attendant le retour de M. le marquis, dont je suis loin de mettre en doute la générosité, il nous faut vivre ma femme et moi, et les peu d'argent que nous possédons ne peut nous mener bien loin si nous ne sommes un peu aidés.

— Landry, je ne possède pas grands fonds non plus, mais le peu d'argent que j'ai est tout à votre service.

— Merci, mon cher camarade, mais je me ferai scrupule de vous en priver, surtout en me sentant encore assez de force pour pouvoir travailler, ce que je compte faire. La seule chose que je consentirai à accepter de vous, serait d'être logé dans le château, et que vous me cédassiez un coin de terre dans le verger afin d'y cultiver quelques légumes pour notre usage.

— Rien de plus facile, mon cher Landry, d'autant mieux que votre présence au château m'aidera à en imposer aux maraudeurs du pays qui, me sachant seul et vieux, ne se gênent guère pour escalader la nuit les murs du parc, afin d'en braconner le gibier, et de voler les fruits et les légumes.

Oui, venez demeurer avec moi, afin que nous puissions ensemble veiller à la conservation des biens de notre maître qui nous en saura gré. Oh! il y a ici de quoi braver la misère et bien vivre : gibier sur toutes les terres, abondantes récoltes et bons vins dans les caves. Nous serons heureux comme des rois tout en remplissant nos devoirs de fidèles serviteurs.

Landry s'étant vite empressé d'accepter cette proposition qu'il avait provoquée, sur laquelle il comptait, et qui, en lui donnant ses coudées franches dans la maison, le droit d'aller et de venir, lui faciliterait le moyen de s'introduire dans le caveau des sépultures et d'en enlever le trésor que le marquis y avait enterré.

Deux jours plus tard, notre ci-devant perruquier ainsi que sa femme s'installaient dans un bâtiment du château, celui destiné aux serviteurs, et y faisaient vie commune avec le bon et confiant Dominique, lequel se réjouissait de ce que le bon Dieu, disait-il, lui avait envoyé si bonne compagnie, une famille enfin, pour l'aider à remplir la lourde tâche que lui avait imposé un maître qu'il chérissait.

Comme le hasard, ce dieu imbécile se

plaît presque toujours à favoriser les méchants au détriment des bons ; il arriva peu de temps après l'installation de Landry au château, que Dominique tomba malade et fut forcé de prendre le lit, au chevet duquel se plaça pieusement la chrétienne Madeleine, afin de prodiguer ses soins au vieillard.

Landry, débarrassé d'un surveillant dont le zèle avait nui jusqu'alors à l'exécution de son criminel projet, s'empressa de profiter de la liberté que lui laissait la fièvre qui dévorait le pauvre Dominique pour forcer le meuble dans lequel ce dernier tenait enfermé le trousseau qui contenait les clefs du château.

Puis, une nuit, muni d'une lanterne sourde, d'une pioche et d'une pelle, notre homme se dirigea vers la chapelle où il s'introduisit ; en ferma la porte derrière lui, puis descendit intrépidement les marches qui conduisaient au caveau des sépultures.

Ce doit être là, ainsi l'indique la lettre. « Oui, voilà bien la tombe de la marquise... Cette terre est encore fraîche. » Allons, à l'ouvrage, se disait Landry, tout en levant la pioche dont il était armé.

Il creuse ; la terre s'amoncelle autour de l'orifice du trou, la fatigue le gagne, la sueur mouille son visage, qu'importe ! c'est de l'or qu'il cherche, qu'il va saisir, s'approprier, c'est la fortune, le bien être, les honneurs, la considération et cette pensée ranime son courage et ses forces.

La pioche ayant frappé sur un corps dûr, Landry éprouva un frémissement de joie, il se baissa, c'était une large tuile rouge qu'il arracha. Une poignée de cuivre brilla alors aux yeux du cupide Landry, c'était celle d'un coffre de fer qu'il s'empressa de dégager de la terre qui l'entourait, dont il brisa la serrure avec frénésie. Il lève le couvercle, plonge la main et la retire pleine de pièces d'or, dont il emplit ses poches à les faire crever.

Assez pour cette nuit et à demain le tout, murmura-t-il en rabattant le couvercle.

Landry tint parole, car deux jours plus

tard il ne restait plus dans le coffre une seule pièce d'or.

Quinze jours après avoir consommé ce vol et l'honnête Dominique ayant succombé à la maladie, Landry, ainsi que Madeleine, quittaient le château pour aller s'établir dans une ferme dont ils avaient fait l'acquisition.

— En vérité, Pierre, je ne nous croyais pas aussi riches, disait l'innocente Madeleine, tout émerveillée et surprise de se savoir propriétaire d'un beau bien.

— Grâce à mes longues économies, Madeleine, ainsi qu'à la somme assez rondelette que nous a légué ce bon Dominique en mourant. Oui, nous voilà heureux et gros fermiers du pays, avait répondu Landry. Avoue maintenant que nous avons bien fait de quitter Paris.

— Pierre, si notre fils Georges était au milieu de nous, je n'ambitionnerais plus rien.

— Eh! que ferait-il ici, ce fiéro? lui qui rougissait de n'être qu'un perruquier, penses-tu qu'il voudrait s'abaisser jusqu'à conduire la charrue? va crois-moi, puisqu'il a préféré le fusil au peigne, laissons-le lui, laissons-le où il est et que le bon Dieu lui soit en aide.

— Ah! Pierre, comme tu détestes ce pauvre enfant? comme tu lui fais expier rudement la faute à laquelle il est redevable de l'existence ; lui et moi en sommes pourtant bien innocens, et si parmi nous il y a un coupable, n'est-ce pas celui qui, sachant la pauvre Madeleine deshonorée, a consenti à l'épouser en faveur de la dot qu'on lui donnait.

— Tu as raison, Madeleine, j'ai été lâche en cette circonstance, mais en agissant ainsi, il y avait de ma part peut être plus d'affection pour toi que d'intérêt cependant ; je te l'ai dit déjà, Madeleine, si je t'avais su enceinte des amours du marquis de Bussière, le diable m'emporte si je t'eusse épousé !

— Ni moi, Pierre, car me sachant mère, j'aurais voulu garder ma liberté et ne vivre que pour mon enfant, cet enfant innocent envers lequel tu aurais dû être moins haineux et sévère, ne fusse que par égard pour sa mère dont tu déchirais le cœur.

— J'ai peut être eu tort en effet, car au fond, Georges est un assez bon diable, et souvent je me suis efforcé de revenir à de meilleurs sentiments à son égard, mais le souvenir du crime de son père, la haine que je porte à ce marquis de Bussière, venaient aussitôt se mettre à la traverse et étouffer dans mon cœur le bon mouvement auquel je ne demandais pas mieux que de céder.

— En vérité, Pierre, je ne puis te comprendre; tu hais le marquis, dis-tu, et pour lui, pour sauver ses jours, ceux de sa nièce, tu t'es volontairement exposé à la colère d'une vile populace et fait piller ta maison. Est-ce donc ainsi qu'on agit ordinairement envers ceux qu'on n'aime pas? Non certes! conviens alors que moins méchant que tu veux le paraître, l'humanité chez toi a fait taire la haine, et que voyant le marquis en danger, tu as tout oublié pour lui conserver la vie, reprit Madeleine presque souriante.

— C'est probable, fit Landry.

— Pierre c'est bien ce que tu as fait là et le ciel t'en tiendra compte, et comme tu as pour ainsi dire pardonné au marquis, agis donc de même à l'égard de Georges, et puisque nous voilà presque riches, consens à le rappeler parmi nous, afin qu'il soit ici un second toi-même et puisse t'aider à conduire les travaux de cette ferme.

— Madeleine, je crois que tu formes en ce moment un vœu inutile, car Georges repousserait le métier de laboureur comme il a repoussé celui de perruquier.

— Il ne ferait pas cela, Pierre, surtout lorsqu'il s'agirait de rendre sa mère heureuse par sa présence et ses soins.

— Ne t'a-t-il pas refusé ce bonheur lorsque tu le suppliais les larmes aux yeux de ne point se faire soldat? au surplus, Madeleine, laissons quelque temps encore ton fils où il est, car moi-même je ne sais si nous ferons un long séjour ici, dit Landry d'un ton brusque et impatient.

— Quoi tu veux qu'il soit soldat lorsque la guerre existe de toutes parts? mais tu veux donc qu'on me tue mon enfant? dit Madeleine de l'accent du désespoir.

Landry ne répondit pas, ce que voyant Madeleine, fit qu'elle reprit :

— Pierre, tu détestes Georges et désires sa mort, je le vois bien, alors c'est aussi la mienne que tu veux, car je ne pourrai survivre à la perte de mon fils.

— Au diable les femmes avec leur sotte sensiblerie! fais donc ce que tu voudras;

mais je doute fort qu'en présence des graves événements qui se préparent on consente à te le rendre même à prix d'or, alors ne t'en prends qu'à lui, qui à toute force a voulu s'enrôler en dépit de ta volonté, répliqua Landry avec brusquerie, pour ensuite tourner les talons et quitter la salle basse de la ferme dans laquelle cet entretien venait d'avoir lieu entre sa femme et lui.

Après avoir quitté Madeleine, Landry se dirigea vers un verger dépendant de sa ferme, lequel était entouré et hermétiquement clos par d'épaisses et hautes haies épineuses qui en interdisaient l'entrée à tous maraudeurs ou promeneurs.

Dans ce verger se trouvait un fort bouquet d'arbres, espèce de garenne dans laquelle s'introduisit Landry, après avoir eu le soin de porter ses regards autour de lui afin de bien s'assurer qu'il était seul dans le verger et que nul œil indiscret ne l'épiait. Ce fut au pied d'un bouleau qu'il s'arrêta, où il se mit à piétiner la terre en se disant mentalement :

— Qui diable s'aviserait jamais de penser que sous cette terre, cet épais gazon repose un trésor? Décidément je ne pouvais trouver un meilleur endroit, un lieu plus sûr, plus discret pour enfouir le vase précieux dans lequel j'ai caché mon or... Oh! l'avenir! comme il se présente heureux et brillant pour moi, et que j'ai hâte de voir venir le jour où la tranquillité, l'ordre étant rétabli en France, je pourrai jouir sans crainte de mes richesses dans quelque province éloignée, où nul ne connaîtra mon passé et ne pourra reconnaître dans Pierre Landry, l'ancien valet, le ci-devant perruquier.

— Allons, allons ! je me suis bien vengé de vous, monseigneur de Bussière, à moi votre fortune, les jouissances de la vie, à vous l'exil, la misère et même la mort, s'il vous prenait jamais la fantaisie de reparaître dans ce pays et de vous placer en face de moi. Quant à votre fils, cet enfant maudit dont il vous a plu de me gratifier, espérons que quelque balle ou boulet m'en débarrasseront à perpétuité... Vive l'adresse et l'audace pour devenir quelque chose ! ainsi disait Landry tout en s'éloignant de son trésor après l'avoir longtemps caressé du regard.

VI

Le temps a marché depuis que Georges a quitté le peigne pour prendre le fusil, car nous sommes en plein 1793, année sanglante et régicide où la tête du meilleur des hommes et des rois a roulé sur l'échafaud, cette année néfaste où des misérables avides de sang et d'ambition, n'ont point reculé devant l'assassinat d'une reine, épouse et mère, après l'avoir torturée, abreuvée de douleurs et d'humiliations.

1793! La fortune avait résolu d'éprouver le courage et la constance des Français.

Les conquêtes de la campagne de 1792 devaient être effacées par un entraînement de revers à peine interrompu par quelques faveurs arrachées à force de courage et d'héroïsme.

La France et tout son peuple semblaient être alors sous l'influence de cette fatalité que les anciens ont représentée comme une divinité aveugle et inflexible qui ne pardonne jamais aux victimes désignées par ses décrets.

La coalition des rois redoublait d'efforts et prenait de toutes parts nos frontières, Lyon et Marseille avaient arboré l'étendart de la révolte ; des traitres avaient livré Toulon aux Anglais. La Convention proclama le danger de la patrie et décréta la levée de trois cent mille hommes, pris parmi les citoyens non mariés, de dix-huit à quarante ans. La loi n'exceptait personne et tout le monde courut au-devant de son exécution.

Les paysans de la Vendée, passionnément attachés au sol, aux habitudes de leur pays et qui ne perdent jamais sans regret la vue du toit nourricier ou du clocher de leur village, ne partagèrent point cette détermination factice inspirée à des citoyens par une loi qui leur rappelait un devoir sacré.

Les prêtres avaient mis à profit cette disposition des Vendéens et déclarèrent que Dieu défendait, sous peine de damnation, de se soumettre à la loi du recrutement, et finirent par persuader aux paysans que c'était la cause de Dieu lui-même qu'ils avaient à soutenir.

Cette absurdité impie enflamma les Vendéens d'un farouche enthousiasme ; bientôt l'effervescence fut à son comble, et, en moins de quinze jours, l'insurrection s'étendit sur la surface entière de la Vendée militaire, avec la rapidité de l'incendie.

Tous ces grands mouvements s'étaient opérés sans que le gouvernement prit aucune mesure pour s'y opposer.

La Convention avait ignoré jusqu'alors la véritable situation de la Vendée. De plus grands dangers l'occupaient, et la révolte de deux ou trois départements pouvait lui paraître insignifiante, alors que la France se trouvait en présence des armées de toute l'Europe coalisée contre elle.

Cependant, la Convention s'éveilla au cri d'alarme et de détresse parti de toutes les villes menacées de l'invasion des rebelles ; et mesura d'un œil intelligent, toutes les chances de cette terrible guerre, semblable à un volcan qui se serait ouvert subitement au sein de la France. Des mesures énergiques furent prises mais tout favorisait les Vendéens, et, il faut le dire, le plus grand, le plus puissant de leurs moyens de résistance, ce fut dans leur dévouement qu'ils le trouvèrent.

Ils combattaient au sein de leurs foyers, mais du moment que la Convention opposa aux levées vendéennes des hommes exaltés par l'amour de la patrie et de la liberté, comme elles l'étaient par le fanatisme, la défaite de celle-ci devenait infaillible.

L'étoile de la **Ve**ndée commença à pâlir le jour de l'arrivée de cette intrépide garnison de Mayence, composée de héros dont le souvenir ne doit jamais cesser d'exister dans la mémoire d'un français digne de ce nom.

Georges, qui depuis deux années s'était énivré de la fumée de la poudre dans vingt combats divers, dont le sang avait coulé sur les champs de bataille; Georges qui avait quitté le fusil pour ceindre l'épée de l'officier, faisait partie de ces braves Spartiates de l'armée républicaine, lorsqu'elle apparut dans les provinces de l'ouest pour y venger par des succès inouis les désastres d'une guerre où les bleus avaient à combattre les obstacles de toute espèce;

l'impéritie de quelques-uns de leurs chefs, la trahison, le dénûment absolu, le défaut d'harmonie, la nature du pays et une population tout entière d'hommes robustes, crédules, enthousiastes, qui marchaient aux périls avec la certitude de renaître le troisième jour de leur mort, ce que leur avaient assuré leurs prêtres.

Le 10 mai 1793, la compagnie d'une centaine d'hommes que commandait Georges, s'avançait à pas de loup vers un petit hameau situé sur le bord de la Loire et à un quart de lieue de la petite ville d'Ingrande. Nos républicains suivaient mornes et silencieux un sentier étroit, profondément encaissé dans des haies épaisses qui servent de clôture à chaque champ de cette contrée pittoresque et derrière lesquelles se cachaient les habitations des vendéens.

Georges et le sergent Coquardeau, ainsi que leurs soldats, interrogeaient avidement d'un regard rempli de méfiance le moindre accident de ces éternels rideaux de verdure, comme si chaque arbuste eût dû recéler un ennemi, car c'était dans un pareil sentier, que la veille, surpris par un gros de Vendéens, soixante de leurs camarades avaient été massacrés sans pitié.

— Dites donc, mon officier, fit le sergent Coquardeau à Georges après s'être approché de lui, il me semble que tous les habitants de l'endroit ne sont pas nos ennemis, et qu'il y en a parmi eux qui ne seraient pas du tout fachés de nous recevoir sous leur toit et de nous héberger?

— Tu veux parler de mon père et de ma bonne mère, n'est-ce pas?

— Juste, mon officier, lesquels m'avez-vous narré, sont venus se faire fermiers aux environs d'Ingrande dont nous ape r cevions les clochers il n'y a qu'un instant.

— C'est vrai, aussi je compte bien profiter de mon séjour ici pour aller embrasser ma mère chérie, si messieurs les chouans daignent vouloir nous laisser un instant de répit.

— Satisfaction que les gredins s'obstinent à nous refuser; aussi sommes-nous exténués de fatigue.... Chienne de guerre! Des Français se battre contre des Français... C'est désolant, foi de Coquardeau, je crois que je préfèrerais avoir devant moi toute l'armée prussienne et allemande, ainsi que cela est arrivé déjà, que d'avoir devant le canon de mon fusil cette poignée de Bretons, fanatiques et entêtés, auxquels nous sommes chargés de donner la chasse... Ah! ça, mais j'y pense, mon officier, pourvu que papa Landry ne se soit pas avisé de se faire chouan et de hurler avec les loups.

— Oh! nous n'avons rien à redouter de ce côté là, Cocardeau, et pour te rassurer, prends seulement la peine de te rappeler combien mon père était partisan de la révolution et un zélé patriote.

— Hum! fit le sergent en branlant la tête en signe d'incrédulité.

— Qu'est-ce à dire! oserais-tu mettre en doute le patriotisme de mon père?

— Quelque peu, sauf votre respect, mon officier; à mon avis, maître Landry m'a toujours produit l'effet d'être un homme prudent qui, afin de ne pas se compromettre, nâgeait adroitement entre deux eaux.

Comme le sergent disait ainsi, la compagnie venait d'atteindre une éminence de terrain d'où on voyait pointer le clocher d'un petit village caché dans les arbres. Une halte fut ordonnée, le terrain reconnu et comme nul danger ne semblait les menacer que tout était calme autour d'eux, Georges engagea ses soldats à prendre quelques heures de repos, leur promettant, lui, de veiller et de faire bonne garde.

Minuit venait de sonner au clocher du village et toutes les horloges environnantes répétaient tour à tour comme un écho lointain le bruit de la première.

Le silence qui règne ordinairement à pareille heure dans les campagnes permettait de distinguer le son particulier de chaque cloche, et le singulier carillon produit par un tintement croisé.

A cet instant, un voyageur descendit d'un petit chemin couvert conduisant à la Loire. Il ne portait aucun bagage, et modeste piéton, il marchait avec une insouciance toute rêveuse, regardant beaucoup plus les étoiles que les pierres dans lesquelles il se heurtait à chaque pas. Une large redingote brune l'enveloppait hermétiquement, un chapeau de feutre à larges bords couvrait sa tête. Il marchait depuis une heure au milieu de l'obscurité rendue plus complète par la hauteur des haies et des arbres qui bordaient et couvraient sa route, lorsqu'après un détour assez brusque, il se trouva immédiatement sur le bord du fleuve et dans un endroit complètement découvert. Cette brusque transition parut le tirer de sa rêverie et même lui inspirer quelque crainte, car son premier mouvement fut de reculer de deux ou trois pas. Mais il se remit aussitôt et regarda autour de lui avec une vivacité non exempte de précaution.

Diable, fit-il, est-ce que je me serais trompé de chemin? je ne vois ni le passeur ni sa barque... A la vérité, ajouta-t-il mentalement, je crois que j'ai un peu dormi en marchant... Mais non, reprit-il après avoir bien considéré le paysage, mes souvenirs ne me trompent pas, il y avait ici un bac! et notre voyageur se mit à appeler sans donner à sa voix toute son étendue comme quelqu'un qui craindrait que son appel ne fût entendu de trop loin.

— Qui appelle? fit tout à coup un homme qui sortait d'un épais fourré.

— Moi, mon ami, répondit l'inconnu, je voudrais passer la Loire et si je ne me trompe il y avait jadis ici un passeur.

— Vous êtes un imprudent, monsieur, vos souvenirs indiquent que vous êtes un émigré et il y a tout près d'ici des bleus qui campent en attendant que le jour vienne leur permettre de continuer leur boucherie.

— Au diable les bleus et les blancs ! je n'ai rien à démêler avec les uns ni les autres ; je voyage pour mon plaisir.

— Si votre plaisir est de vous faire écarteler, vous êtes libre, répondit sardoniquement le mystérieux personnage.

— Mais croyez-moi, blanche ou tricolore, prenez une cocarde ; celui qui n'en porte pas en ce temps est suspect aux deux partis.

— Et de quelle couleur est la tienne ? demanda le voyageur en armant une paire de pistolets.

— La mienne est blanche, répondit l'autre sans paraître ému le moins du monde.

— Et veux-tu me dire aussi ton nom ?

— Soit! Jean Pitou.

Le voyageur, démonté par cette tranquillité inaltérable, désarma ses pistolets, Jean Pitou sourit.

— Vous faites bien, dit-il au voyageur, vous faites ce que j'ai fait, c'est un péché de tuer sans nécesité une créature du Seigneur. Si vous craignez quelque surprise de ma part rassurez-vous ; depuis plus d'une heure je vous suis pas à pas derrière les haies et je suis convaincu que vous ne connaissez pas notre pays.

Tenez, ajouta Jean Pitou en tirant d'un des fourrés un long fusil rouillé ; deux fois sans vous en douter vous avez eu le bout du canon dans l'oreille, et je puis dire que votre vie était suspendue à mon doigt.

Au moment où Jean Pitou achevait

cette plaisanterie un peu lugubre, on entendit à quatre ou cinq cents pas le cri d'une chouette.

L'espèce de gémissement sinistre et prolongé que fait entendre cet oiseau de nuit, joint aux paroles que Jean Pitou venait de prononcer, fit tressaillir le voyageur malgré lui, il se retourna ; aussitôt, un cri de même espèce fut poussé, mais si près de lui, qu'il recula de quelques pas, porta ses yeux sur Jean, qui se tenait immobile, le corps droit, la tête légèrement penchée pour mieux prêter l'oreille au vent.

Une troisième fois le cri de la chouette se fit entendre, mais beaucoup plus faible et plus éloigné.

Le voyageur observait Jean Pitou ; ce dernier porta la main sur sa bouche, et tout en bondissant comme un cerf par-dessus les haies et les fossés, il répondit à ce second appel.

L'inconnu pressentant un danger, voulut suivre le Vendéen, mais il se trouva bientôt empêtré dans une haie vive d'épines et d'ajoncs qui s'attachaient à ses vêtements comme autant d'épingles... Tout en cherchant à sortir de cette position, il eut soin de ne pas perdre Pitou de vue. Ce dernier, après avoir fait cinquante pas, coupa tout à coup à gauche comme s'il voulait remonter dans les terres, et entra dans un champ planté de chanvre dont la hauteur dépassait de beaucoup sa taille.

Le voyageur, comme par une curiosité instinctive plutôt que par désir de suivre le Vendéen, ce dont il avait du reste reconnu l'impossibilité, observa avec soin dans quelle direction les chanvres faisaient jaillir leurs têtes. La lune, que de gros nuages avaient masquée jusqu'à cette heure, parut alors, et un sillage qui se détachait en ombre sur la surface éclairée du sommet des épis trahit la vue du fuyard.

Le sillon délateur, après avoir monté quelques instants, forma un angle aigu et alla aboutir en ligne diagonale à la pointe basse du champ du côté de la rivière; une ombre franchit alors, avec une rapidité fantastique une petite prairie étroite et disparut dans des broussis d'osier, de saules et de coudrier, plantés sur le bord de l'eau pour empêcher l'éboulement des rives.

Le voyageur, qui était parvenu à recouvrer la liberté de ses mouvements, descendit avec précaution dans la prairie et courant autant que ses jambes le lui permettaient, il arriva vers la rive au moment où Jean Pitou venait de lancer à l'eau une petite barque de fer-blanc en forme de chaloupe, mais tout au plus assez grande pour contenir deux personnes.

— Jean, Jean ! vingt louis pour toi si tu consens à me conduire à l'autre rive.

— Mille tonnerres ! fit l'autre, vous tairez-vous? est-ce que vous avez envie de me faire fusiller comme un canard sauvage ? cachez-vous comme vous pourrez.

— Mais au moins quel est le danger qui vous menace?

Un bruit sourd et régulier qui se fit entendre rendit la réponse inutile, c'était la marche d'un corps de troupes réglées; c'était la compagnie républicaine commandée par Georges qui s'avançait.

— Jean, reprit le voyageur en armant un de ses pistolets, viens me prendre ou tu es mort; et comme Jean Pitou ramait toujours sans s'inquiéter de la menace, il pressa la détente du pistolet et le coup partit.

— Ventre à terre où vous êtes un homme mort! répéta Jean avec fureur en couchant en joue l'étranger; allons, ventre à terre, car je ne manque jamais mon coup.

Le bruit du coup de feu avait, comme par enchantement, fait cesser celui de la marche des troupes.

— Ventre à terre donc! répéta Jean sans quitter sa position menaçante, quoique véritablement il n'eut pas l'intention de tirer; les bleus flairent, ajouta-t-il, ils prennent le vent, couchez-vous, couchez-vous!

Pendant ce temps, la barque, abandonnée à elle-même, pressée par le vent, s'approchait insensiblement du bord.

C'était véritablement un tableau terrible que ces deux hommes sous le coup d'un danger commun, se menaçant de mort à vingt pas l'un de l'autre et échangeant à voix basse des paroles de menace et de malédiction.

— Je ne me coucherai, répondit l'étranger, que quand tu m'auras juré sur ton salut de venir me prendre.

En ce moment on put entendre distinctement les soldats de Georges qui avaient quitté le chemin, battre les champs comme des chasseurs, frappant sur les buissons avec le canon de leurs fusils, et s'appelant les uns les autres pour ne pas trop s'égarer.

— Vous êtes donc fou ? dit Jean Pitou.

— Venez me chercher, répondit l'entêté voyageur.

— Allez au diable! et donnant un coup d'aviron, il se mit en devoir de gagner le large.

Il était assis sur une planche et tenait une rame de chaque main, par conséquent faisant face au voyageur. Ce dernier ne sachant trop comment se tirer de ce mauvais pas restait toujours dans la même position, les yeux fixés sur l'autre rive.

Tout à coup Jean Pitou s'arrêta et resta comme pétrifié; sa barque, d'abord au-dessus de l'endroit où se tenait l'inconnu, ne lui permettait de voir que le côté droit de la figure de celui-ci ; mais le courant ayant peu à peu fait dériver le bateau au-dessous, il put apercevoir le profil gauche de l'étranger éclairé de ce côté par un rayon de lune.

Un cri de surprise presqu'aussitôt étouffé s'échappa de sa poitrine, puis il fit virer son bateau et rama vigoureusement vers la rive qu'il venait de quitter.

— Montez vite, monsieur le marquis de Bussière, montez vite, dit-il, avant même d'avoir atteint le bord. Le voyageur était stupéfait, cependant les voix des soldats devenaient de plus en plus distinctes.

— Plus près de la rivière, s'écria la voix de Georges, le coup est parti du milieu des broussis.

— Certes, répondit Cocardeau, le vent vient de là, et je respire l'odeur de la poudre en plein nez.

— En avant! reprit un troisième.

Jean Pitou était encore à quatre pas du marquis, le courant était devenu si rapide que le bateau dérivait en travers de trois fois le chemin que lui faisait faire l'impulsion des rames; et chaque pas de côté les rapprochait des bleus.

— Feu! feu! cria une voix au moment où le marquis de Bussière mettait le pied sur le bateau, et cinq ou six coups de fusil furent tirés.

— C'est singulier, dit le marquis, je n'ai pas même entendu siffler une balle.

— Silence ! reprit Jean Pitou, tenez-vous bien sur le milieu... et pas plus de mouvement que si vous étiez sur une coquille de noix.

La Loire a vingt-cinq pieds de bas en cet endroit ; et pendant qu'il faisait ces recommandations, la légère barque traversait silencieusement le fleuve.

Une décharge de coups de fusil se fit entendre.

— Sur qui donc les bleus peuvent-ils tirer ainsi ?

— Ce n'est pas eux qui tirent maintenant... Cette fois ce sont des fusils de ma connaissance... Mais ne causons pas trop, monsieur le marquis.

— Ah ça, tu me connais donc, fit ce dernier, à qui ce nom rappela en un instant la manière bizarre, spontanée et presque miraculeuse dont Jean Pitou était venu le chercher sur le bord, au péril de sa vie.

Jean Pitou ne répondit pas de suite ; il écoutait ces coups de feu qui, de minute en minute se succédaient ; bientôt s'apercevant qu'à chaque coup le son faiblissait et paraissait s'éloigner, il parut plus tranquille et se contenta de remuer la tête d'un air de satisfaction.

— Tu me connais, réponds ? reprit le marquis.

— Si je vous ai reconnu remerciez en la lune... J'ai pourtant bien manqué de vous tuer. Mais vous, monseigneur, comment se fait-il que vous ne me reconnaissiez pas à votre tour; à la vérité, si je me suis souvent trouvé en votre présence, vous êtes passé bien des fois sans me regarder; j'étais valet de ferme sur vos terres... Ah ça, que venez-vous faire au pays? sans nul doute, vous joindre à nous, vous mettre à notre tête et nous aider à défendre notre Dieu, nos femmes, nos enfants et nos foyers ?

— Comme tu dis, mon ami, je viens combattre avec vous les ennemis de l'autel et du trône.

— Taisez-vous, monsieur, fit vivement Jean Pitou, il y un bateau entre la rive et nous.

— Oui, je le vois ; alors descendons le courant.

— Impossible ! vous ne voyez donc pas là bas le moulin des Revenants ?

— Qu'importe ?

— Comment qu'importe ! j'aimerais mieux voir chavirer ma barque, nous pourrions périr, il est vrai, mais à ce maudit moulin nous perdrions nos âmes.

Le marquis comprit que quelques superstitions grossières étaient en crédit sur ce moulin, il n'essaya même pas de dissuader Jean Pitou. Et mes propriétés, demanda-t-il, pour changer la conversation.

— Vendues comme biens nationaux, répondit Jean Pitou, sans quitter des yeux la barque suspecte qui descendait le courant avec rapidité et paraissait craindre fort peu le terrible moulin, puisqu'elle ne pouvait manquer d'y arriver en suivant ce chemin.

— Vendus! s'était écrié le marquis de l'accent du désespoir. Et mon château? reprit-il.

— Brûlé par les bleus d'après les conseils d'un gueux que je soupçonne... De par la bonne sainte Vierge! je ne m'étais pas trompé, c'est bien lui, je le reconnais sur sa barque, lui qui tout à l'heure guidait les bleus... Oh! il t'en cuira, mon gars... Je me suis toujours douté que tu n'étais qu'un traître et un fripon, maître Pierre Landry.

Le marquis n'entendit pas ces derniers mots que Jean Pitou n'avait fait que murmurer. Un coup de fusil partit de la barque suspecte.

— Ainsi je suis ruiné, dépouillé! soupira le marquis.

Jean Pitou ne répondit pas, il était droit et immobile sur son banc, tenant toujours ses rames mais sans les faire mouvoir.

Saisi d'un funeste pressentiment, le marquis avança le bras pour faire sortir le paysan de cette espèce de torpeur, mais le corps de Jean Pitou se renversa en arrière, fit la bascule sur le bord du bateau, puis enfin tomba dans la Loire, entraînant les deux rames étroitement prises dans ses mains froides et crispées ; il était mort sans doute !

— Cela est pour te punir de ce que tu t'avises de soustraire à ma vengeance les gens dont l'existence me gêne... Jean Pitou ! va dire aux poissons le nom de celui qui conduit les bleus, disait Pierre Landry tout en mettant en joue le marquis sur lequel il fit feu... La balle passa fort heureusement au-dessus de la tête du marquis qui, privé de tous les moyens de diriger le bateau, se vit entraîné vers le moulin des Revenants avec toute la rapidité d'un courant doublé encore par l'approche des écluses.

Deux années avant l'époque où se passe cette histoire, c'était un joli petit moulin que le moulin des Revenants; son aspect n'avait rien que de fort gracieux et d'agréable et quelle que fut l'origine du singulier nom qu'il avait reçu, ce nom n'effrayait personne.

Au contraire, quand la récolte avait été bonne, quand une fille se mariait, enfin lorsque l'occasion de se réjouir se présentait, c'était à ce moulin qu'était le rendez-vous général. Son bâtiment était situé sur la pointe d'une petite île qui resserrait le lit de la Loire, et de grands acacias doublés d'un rideau de peupliers l'encadraient dans leur feuillage.

C'était un endroit délicieux; mais lorsque la chouannerie s'organisa, les arbres furent coupés par les soldats qui redoutaient les embuscades, le meunier fut tué dans une rencontre, et le moulin faisant partie des propriétés du marquis de Bussière avait été vendu au profit de la nation; mais l'acquéreur, qui n'était autre que Pierre Landry, trop prudent pour s'exposer à la vengeance des chouans, après l'avoir acheté sous le nom d'un autre, laissait le moulin inhabité. Une maison vide prend bientôt un sombre aspect.

La petite ile, nue et stérile, quelques pierres qui s'étaient détachées du mur, de grands volets de bois, noircis par les pluies, constamment fermés, tout contribuait à accréditer les bruits qui couraient sur le moulin.

Il n'était pas étonnant qu'à une époque aussi désastreuse que le plus sombre côté de toutes choses se présentât d'abord, et le moulin des Revenants donnât lieu à mille et un contes plus fantastiques les uns que les autres.

Enfin il fut décidé que le diable en personne habitait le moulin. On avait vu de la lumière aux fenêtres, on avait entendu des cris plaintifs, le moulin n'était rien moins qu'une succursale de l'enfer.

Le marquis ignorait que le diable était venu établir son domicile dans sa propriété, mais les quelques mots prononcés par l'infortuné Jean Pitou au sujet du moulin étaient suffisants pour un homme qui connaissait le caractère des paysans de cette contrée. Or, le marquis s'attendait donc à tomber entre les mains de voleurs de grand'route.

Il n'eut pourtant pas le temps de beaucoup réfléchir sur sa position, la barque qui descendait avec une effrayante rapidité fut s'engouffrer sous la voûte où se trouvait placée une des roues du moulin, voûte noire sous laquelle mugissait le courant impétueux.

Le marquis sentant que son bateau, après avoir tourbillonné s'enfonçait dans l'eau, s'empressa, tout en recommandant son âme à Dieu, de saisir et de se suspendre après une pièce de bois fixée dans le mur, contre laquelle son front s'était heurté violemment. Au même moment une seconde barque pénétrait sous la voûte.

— Il y a-t-il quelqu'un de vivant ici? demanda une voix sortant du bateau.

— Oui, secourez-moi et je saurai vous récompenser, répondit le marquis enfoncé dans l'eau jusqu'au cou.

— Qui êtes-vous?

— Un voyageur, un passant qui se rend à Nantes.

— Il est inutile de vouloir me tromper, je vous ai reconnu lorsque vous causiez sur la rive avec Jean Pitou, vous êtes un émigré, vous êtes le marquis de Bussière.

— Eh bien oui, ainsi que vous êtes Pierre Landry, ce que me prouve votre accent, Pierre Landry, mon ancien et fidèle serviteur qui, je le sais habite ce canton et auquel j'allais demander une seconde fois asile et protection... Pierre, hâtez-vous de me sortir de ce gouffre ou je vais périr, car je sens les forces m'abandonner.

— Ah ça, que venez-vous faire dans ce pays où toutes vos propriétés ont été vendues, où il n'y a pas jusqu'à votre château qui ne soit réduit en cendres ?

— Pierre, sauve-moi et tu m'interrogeras ensuite, sauve-moi ! reprit le marquis d'une voix suppliante et qui poussa un cri terrible en recevant sur la tête un violent coup de rame, lequel en lui faisant lâcher prise le livra au caprice du courant rapide qui l'emporta.

Maintenant bien à moi est ton trésor, marquis de Bussière, fit Landry en ricannant.

VII

Certain de s'être débarrassé pour jamais du marquis, dont il pensait avoir fendu le crâne, Landry, auquel la voûte était connue, s'en retira facilement au moyen d'anneaux de fer piqués de distance en distance dans les parois de la muraille, après avoir abandonné son bateau que le courant avait emporté.

Une fois dans l'île, notre homme n'eut pas grand peine à se procurer un autre bateau pour passer en terre ferme; il ne s'agissait pour cela que de fouiller dans les ajoncs de la rive pour trouver ce qu'il cherchait, une petite barque telle que les chouans en cachaient sur tous les points du fleuve, dans les osiers ou autres plantes aquatiques, et qui leur servait à traverser la Loire la nuit en silence, lorsqu'il s'agissait d'aller porter des ordres ou de changer un mot d'ordre d'une rive à l'autre.

Landry, ayant traversé le bras du fleuve

et gagné la terre ferme, prit sa course à travers les champs et ne s'arrêta tout essoufflé et en sueur que lorsqu'il eut atteint la porte de la ferme où Madeleine veillait et priait tout en attendant son retour. Alors le jour commençait à poindre.

— Comme tu rentres tard, Pierre, il y a-t-il du bon sens, à toi, de courir ainsi toutes les nuits à travers les champs et les bois, de t'exposer à être rencontré par les soldats républicains, qui ne manqueraient certes pas de te prendre pour un espion des chouans et de te faire un fort mauvais parti, te tuer peut-être, car ils sont sans pitié pour nous.

— Tu as tort de t'inquiéter ainsi, Madeleine, car je suis un homme qui, aussi adroit que prudent, sait arborer lorsqu'il le faut la cocarde de circonstance.

— Je le sais et ne t'en félicite pas, Pierre, il est mal à toi que je croyais un homme de cœur de trahir ainsi l'un et l'autre parti. Prends garde, cela te portera malheur un jour.

— Allons donc! fit Landry en souriant, me prends-tu pour une girouette tournant à tous vents? Femme, détrompe-toi, je ne sers véritablement qu'un parti qui est celui de la république dont je veux le triomphe.

— Mais alors, pourquoi marches-tu avec les blancs, afin de mieux les trahir, de surprendre les secrets de l'armée royale pour les livrer aux bleus... Pierre cela est infâme !

— Bah ! sots scrupules que les tiens, femme, écoute-moi : j'ai juré de t'enrichir,.. ainsi que ton fils Georges, et à cette intention je me suis, sous un nom supposé, rendu à vil prix acquéreur de biens d'émigrés. Or, pour qu'ils restent ma propriété, il est donc de toute nécessité que la république ait le dessus, voilà pourquoi je la sers en secret de tout mon pouvoir. Quant à mon beau semblant de dévouement à la cause royale, cause à jamais perdue, il m'est imposé par la nécessité en ce qu'il me permet d'être le propre fermier de mes biens, sans m'en avouer le propriétaire, car ces chouans idiots et fanatiques ne me pardonneraient jamais s'ils apprenaient que je me suis rendu acquéreur de biens ayant appartenu à leurs seigneurs et maîtres.

— Mais si contre ta prévision, Pierre la bonne et sainte cause venait à l'emporter ; si les seigneurs que dépouille aujourd'hui la république rentraient en France, penses-tu donc qu'ils ne s'empresseraient pas de réclamer leurs biens, en dépit des gens qui, pour les en dépouiller et les acquérir à vil prix, auraient profité de leur malheur et de leur exil ?

— Ce qu'ils ne manqueraient certes pas de faire, aussi sommes-nous plusieurs ici qui avons juré sur l'Evangile que pas un de ceux, dont nous avons acheté les biens, ne rentreraient en France.

— Mais s'ils y rentraient! si le marquis de Bussière venait te dire : Pierre, je t'ai connu honnête homme et c'est convaincu que tu n'as pu changer, que je viens te redemander l'héritage de mes pères; que lui répondrais-tu?

— Le marquis de Bussière ne reviendra pas, car il est mort.

— Mort, dis-tu? Comment sais-tu cela, Pierre? interrogea vivement Madeleine, en fixant un regard inquiet sur son mari.

— Les papiers publics me l'ont appris; le marquis est mort en Angleterre il y a un an.

— Mais sa nièce Hélène doit exister, et c'est à elle que revient l'héritage du marquis son oncle.

— Tu te trompes, Madeleine, c'est à Georges, qui est son fils, auquel je prétends le conserver.

A ces mots prononcés d'une voix ferme, Madeleine baissa la tête en rougissant et ne répondit pas.

Ça, maintenant que je t'ai satisfaite en répondant à toutes tes questions, permets-moi, en bon mari, de t'apprendre une nouvelle qui va te surprendre agréablement.

— Je t'écoute, fit Madeleine en relevant

la tête tristement pour présenter un visage que les larmes sillonnaient.

— Ah! ah! tu pleures? Eh bien, je vais te faire rire : apprends donc que Georges, ton fils tant aimé, est dans ce canton, ici près, sur l'autre rive de la Loire.

— Il se pourrait? Georges! mon fils! cet enfant que je n'ai pas revu depuis deux ans. Pierre, au nom du ciel, prends pitié de ma joie, de mon impatience ; conduis-moi près de mon fils, s'écria la pauvre mère en délire et les mains jointes.

— Te conduire près des bleus dont ton fils est l'un des officiers! y penses-tu, imprudente! veux-tu donc que les chouans qui rôdent autour de lui comme des tigres autour de la proie qu'ils convoitent, nous fassent un mauvais parti, ils nous tueraient peut-être s'ils venaient à savoir que tu es la mère d'un chef républicain et moi son père? entends-tu, car Georges que j'ai vu cette nuit, auquel j'ai parlé, doit en ce moment marcher avec ses soldats sur notre ferme en l'intention de te voir et de t'embrasser.

— Oh, bonheur!... Pierre, penses-tu qu'il arrivera bientôt ?

— Je ne puis le préciser; car environné d'ennemis, les républicains, afin d'éviter les embûches qu'on leur tend de toutes parts, ne s'avancent que lentement et avec les plus grandes précautions.

— Bonne sainte Vierge! protège les jours de mon fils! fais qu'il échappe à la mort, que je puisse le revoir, le presser dans mes bras! disait Madeleine après s'être pieusement agenouillée, lorsqu'un bruit de pas lourd et cadencé, celui du cliquetis des armes, se firent entendre au dehors.

— Qu'est cela, Pierre, fit Madeleine d'un air inquiet et tout en se relevant.

— Ce sont les bleus, c'est ton fils qui vient.

Madeleine n'en écoute pas davantage, elle s'élance de la chambre dans la cour de la ferme et s'arrête sur le seuil de la porte charretière à la vue des soldats républicains qui encombrent la route et lui ferment le passage.

Les yeux de la tendre mère ne sont plus occupés que d'une seule chose, celle de chercher Georges, de tâcher de le reconnaître parmi tous ces hommes qui, en ce moment viennent de faire halte et s'empressent de mettre leurs fusils en faisceaux.

— Et bonjour donc, mon ex-patronne, comment va la santé? fit un sergent en s'adressant à Madeleine.

— Coquardeau! fit cette dernière avec joie.

— Lui même en chair et en os pour vous servir de nouveau, patronne.

— Mon fils ! Georges ! où est-il ? reprit vivement Madeleine.

— Patience, mère sensible ; l'enfant me suit accompagné d'un particulier en fort mauvais état et de votre connaissance, dont il a fait la trouvaille au point du jour sur le bord de la rivière, et vu que ce quidam, quoique n'étant pas tout à fait mort, n'en vaut guère mieux ; votre fils, qui ne perd pas l'espoir de le ressusciter, le fait apporter sous votre toit en l'intention charitable de le confier à vos soins ainsi qu'à votre charité.

— Quel est cet homme, Coquardeau, que nous connaissons, dites-vous ? demanda Landry en se présentant.

— De par ordre supérieur autant que par prudence, défense à moi de le nommer devant mes camarades.

— Allons rentrons; venez avec nous, Coquardeau, attendre l'arrivée de Georges et boire un coup à la santé de la république, dit à voix basse Landry.

— Papa Landry, cette pensée vous honore et je l'approuve, foi de troupier pur sang, d'amant de la gloire et de la victoire.

Nos trois personnages rentrèrent à la ferme dont la cour ne tarda pas à être envahie par les soldats.

Coquardeau en était au cinquième verre

de vin que venait de lui verser Madeleine, lorsque la porte de la salle basse dans laquelle ils étaient, s'ouvrit pour donner entrée à Georges qui fut se précipiter dans les bras de Madeleine.

— Mon fils ! mon Georges ! je te revois donc enfin ! disait la pauvre mère dans le délire d'une joie folle, en embrassant son enfant en le pressant dans ses bras.

Cette scène intéressante à laquelle Landry assistait froidement, fut interrompue par l'arrivée de quatre soldats qui apportaient sur un brancard d'ambulance un homme sans connaissance, dont la tête était enveloppée de linges sanglants, les vêtements mouillés et souillés de fange.

Un homme enfin, dont la vue frappa Landry de terreur et fit pâlir son visage.

— Il n'est pas mort! ah, malédiction! et c'est lui qui l'amène ici, l'imprudent! que l'enfer le confonde!

— Le marquis de Bussière! Dans quel état, grand Dieu! fit Madeleine surprise et affligée.

— Oui, mes chers parents, le marquis de Bussière que j'ai trouvé, reconnu ce matin sur une des grèves de la Loire... Mon père, ma mère, il faut faire en sorte que cet infortuné vous doive une seconde fois la vie, en lui prodiguant vos soins et surtout ne pas le nommer devant les soldats qui, s'ils venaient à reconnaître en lui un ci-devant, un émigré rentré clandestinement sur le territoire français, ne manqueraient pas de le dénoncer, de le perdre sans retour.

— Et fusiller sans procès, interrompit Coquardeau, tout en vidant son huitième verre.

Le marquis fut transporté dans une chambre située à un premier étage, où Georges et Coquardeau le déshabillèrent pour le mettre dans un lit, au chevet duquel vint s'installer Madeleine, pour lui prodiguer ses soins, laver et bander la blessure que le coup de rame que lui avait donné Landry lui avait fait à la tête.

— Ah! ma mère, que peut être devenue

Hélène? en quel lieu, quel pays l'a-t-il laissée; ma mère, la reverrai-je jamais? disait Georges à Madeleine qu'il aidait à secourir le marquis, que les soins que la mère et le fils lui prodiguaient, semblaient rappeler peu à peu à la vie.

— Espère, mon enfant, qu'il nous en instruira, qu'il nous parlera d'elle, lorsque son état lui permettra de nous reconnaître, répondit Madeleine, que Georges, forcé de s'absenter pour son service, laissa au chevet du malade.

En traversant la salle basse pour se rendre dans la cour où campait une partie de ses hommes, Georges n'y retrouva pas son père.

Le bruit des tambours et des clairons se firent entendre au loin, et Georges apprit aussitôt par Coquardeau, qui était accouru à sa rencontre, que le régiment qu'ils attendaient arrivait tambour battant, ayant à sa tête son colonel ainsi qu'un envoyé de la Convention.

Georges fit battre aussitôt le rappel et mit sa compagnie sous les armes, afin de recevoir dignement les camarades qui leur venaient en aide.

— Georges, je suis très-satisfait de vous ainsi que des braves que vous commandez ; je m'empresse de vous exprimer, en présence du citoyen envoyé de la république, toute la satisfaction que m'inspire la manière courageuse avec laquelle vous vous êtes conduit depuis quinze jours que, séparé du régiment, vous poursuiviez, avec une poignée d'hommes, les ennemis de la république à travers les routes de ce dangereux pays, s'empressa de dire le colonel en pressant la main du jeune officier qui s'était placé en tête de sa compagnie.

— Mon colonel, j'ai fait mon devoir en tuant le plus de chouans possible, sans trop exposer la vie de mes braves et chers camarades, répliqua Georges en souriant.

— Je le sais, et si je vous ai choisi de préférence pour remplir la mission périlleuse de venir fouiller ce canton, c'est que je connaissais votre prudence et votre courage... Mais je crois qu'il était grand temps que nous vinssions à votre secours, car, s'il faut en croire les rapports de nos espions, des bandes formidables de chouans nous cernent de toutes parts, et les avant-postes de l'armée royaliste sont campés à une lieue d'ici.

— Tant mieux colonel, cela fait que nous aurons moins de chemin à faire pour les joindre et les battre, fit Georges avec ardeur et fierté.

— Voilà une belle réponse digne en tout d'un soldat républicain, dit le citoyen envoyé... Citoyen officier, j'en rendrai compte à qui de droit, et cela vous vaudra une récompense de plus.

— Citoyen, veuillez ne pas oublier ma compagnie dans votre bon rapport, car chaque homme qui la compose est un héros; ce qui fait que le chef qui la commande, lorsqu'il s'agit de battre l'ennemi, n'a qu'à vouloir pour pouvoir, reprit Georges.

— Surtout lorsque ce chef lui donne l'exemple du courage.

— Mille tonnerres! vous avez raison, mon colonel; car, lorsque notre officier nous commande et marche à notre tête, nous obéissons aveuglément et le suivrions jusqu'en enfer s'il voulait nous y mener, fit Coquardeau, sur l'épaule duquel le colonel frappa amicalement en lui disant :

— Eh bien ! quand sauras-tu lire, mon petit sergent, afin que je puisse te confier un grade digne de ta bravoure ?

— Bientôt, mon colonel ; vu que je commence à épeler assez joliment.

— A qui appartient cette ferme ? s'informa l'envoyé.

— A mon père, citoyen, qui se fera un devoir et un honneur de vous y recevoir, répondit Georges.

— Quoi, votre famille est vendéenne, citoyen officier, dit l'envoyé avec surprise.

— Oui citoyen, Breton de naissance, mais républicain de cœur.

— Voilà qui me surprend, fit l'envoyé d'un air de doute.

— Venez vous en assurer, citoyen, en vous reposant un instant sous le toit de mon père, dit Georges ; lequel, d'après leur consentement, conduisit l'envoyé et le colonel dans la ferme, où Landry, de retour dans la salle, les reçut avec respect et s'empressa de faire couvrir la table de viande, de vin et de cidre.

— Où donc est votre mère, Georges ? ne viendra-t-elle faire connaissance avec nous ? demanda le colonel.

— Ma mère va venir, colonel ; je l'ai fait prévenir de votre présence ainsi que de celle du citoyen commissaire.

— Ainsi, citoyen Landry, le mauvais exemple, de vos compatriotes ne vous a pas gâté, et quoique vivant au milieu des loups, vous ne hurlez pas avec eux? disait l'envoyé à Landry, qui s'était placé à table à côté de lui.

— Il n'y a pas de danger, qu'après avoir aidé à prendre et à démolir la Bastille, et ayant donné en mon fils un brave soldat à la République, que je me range du parti de ces idiots fanatiques.

D'ailleurs, ajouta Landry à voix basse, la meilleure preuve, citoyen, que je puis vous donner de mon dévoûment à la bonne cause, est de vous confier sous le secret, que je me suis rendu acquéreur de biens seigneuriaux, petite satisfaction qui, de la part des Vendéens, me mériterait l'honneur d'être pendu ou fusillé par eux, s'ils venaient à l'apprendre.

— Fort bien ! mais cela n'est autre que le fait d'un calcul intéressé, afin de vous enrichir en achetant à bon marché des biens qui, plus tard, tripleront de valeur, et non un service rendu à la République.

— Alors, citoyen commissaire, si cela ne vous paraît pas suffisant pour vous convaincre de mon civisme; sans rien dire, veuillez jeter un coup d'œil sur ces papiers, qui ne sont autres que des certificats que m'ont donné les chefs de l'armée républicaine, en faveur des services que je leur ai rendus au risque de ma vie, en servant volontairement de guide à leurs soldats, afin de leur éviter le désagrément de tomber dans les embûches périlleuses que les chouans leur tendent à chaque pas, reprit Landry, en sortant de sa poche plusieurs papiers qu'il remit à l'envoyé, lequel les examina pour les rendre ensuite en disant :

— Ceci est une preuve irrécusable, citoyen, continuez et vous aurez bien mérité de la patrie.

— Aussi, est-ce en cette intention, citoyen, que je veux vous faire une dénonciation importante, reprit Landry, resté seul avec le commissaire de la Convention, les autres convives ayant quitté la table et la salle.

— Quelle est-elle ? demanda vivement le républicain.

— Citoyen, promettez-moi le secret.

— C'est convenu, on ne trahit pas les bons patriotes.

— Apprenez donc que vos soldats ont ramassé cette nuit un homme blessé et évanoui sur le bord de la Loire; qu'ils l'ont apporté ici en me sommant de le recueillir et de lui faire donner les soins qu'exigeait sa position...

— Et cet homme est sans doute un chouan, un ennemi ? interrompit le commissaire.

— Mieux encore; un émigré rentré en

France, qui traversait le canton pour rejoindre l'armée royale campée ici près. Enfin, apprenez que j'ai reconnu en sa personne le ci-devant marquis de Bussière.

— Je vais donner des ordres pour que ce ci-devant soit aussitôt saisi et fusillé, fit l'envoyé en se soulevant de son siège.

— Sambleu! n'allez pas si vite en besogne, citoyen, sous peine d'éveiller les soupçons sur ma personne et de m'empêcher d'être dorénavant utile à la bonne cause. Veuillez patienter jusqu'à ce soir, et je me fais fort de vous livrer le ci-devant.

— Soit! mais vous m'en répondez?

— Je vous en réponds, répondit Landry.

— Mille cartouches ! je ne me serais jamais douté que maître Landry fut coquin au point de remplir le rôle de délateur, se dit mentalement Coquardeau, lequel n'ayant pas mal fêté la bouteille, s'était assoupi dans l'embrasure de l'une des fenêtres de la salle, et enveloppé d'un rideau de serge verte, afin de mieux se garantir contre les piqûres des mouches et celle des cousins ; cachette dont il ne sortit qu'après avoir vu partir les deux causeurs, pour aussitôt se mettre à la recherche de Georges qu'il retrouva auprès de sa mère et du lit du marquis, de Georges qu'il tira à l'écart afin de lui faire part de ce qu'il venait d'apprendre.

— Ce que tu me dis là, Coquardeau, me confond et m'indigne ! quoi mon père serait un délateur; je comprends que son patriotisme le range de notre côté, qu'il seconde les républicains de tout son pouvoir en leur servant de guide à travers ce dangereux pays, mais qu'il dénonce froidement le malheureux qui souffre sous son toit, le maître qui jadis le combla de ses bienfaits, pour l'envoyer à la mort, c'est affreux !

— Oubliez-vous ce que je viens de vous dire, ce que mes oreilles viennent d'entendre ? que maître Landry s'est rendu acquéreur des biens du marquis, et que par conséquent, votre cher père, afin de pouvoir jouir en paix de ses domaines, ne serait pas fâché du tout d'en voir l'ex-propriétaire fusillé, vu que la mort ne parle pas... D'ailleurs, mon officier, s'il faut vous parler à cœur ouvert, je vous dirai que le patriotisme de votre cher papa, mon ex-patron, ne m'a jamais paru de bon aloi, et je me doute fort qu'il n'est pas étranger à tous les événements fâcheux que le marquis, ainsi que sa jolie nièce, ont subi à Paris.

— Tu penses cela, Coquardeau? franchement, tu pourrais bien ne pas avoir tort ; mais nous approfondirons cela plus tard ; pour le moment nous n'avons qu'à nous occuper d'une chose, celle de sauver M. de Bussière.

— Sauvons-le, mais comment? ce n'est

guère facile, un homme blessé sans force ni connaissance.

— Sambleu ! emportons-le sur notre dos et allons le cacher où nous pourrons, fit Georges impatient.

— C'est dit ! allons prévenir votre mère, afin qu'elle nous conseille et nous choisisse, parmi les garçons de la ferme, deux gars discrets qui nous prêteront leur aide; vu, mon officier, que nous ne pouvons employer nos camarades en cette circonstance.

— Prévenir ma mère, dis-tu ? mais ce serait lui dévoiler l'infamie de son époux, observa Georges... Que faire, mon Dieu !

— Vous avez raison, il faut éviter autant que possible d'affliger la brave femme... Venez, mon officier, venez la trouver et m'aider à lui mentir en l'intérêt de son repos.

L'officier et le sergent gagnèrent la chambre du malade où ils trouvèrent Madeleine pâle, les yeux mouillés de larmes et penchée sur le marquis dont elle écoutait avec effroi les quelques mots qu'il s'efforçait de lui faire entendre.

En voyant entrer son fils et Coquardeau, elle s'empressa de venir au-devant d'eux pour les repousser vers la porte en leur disant d'une voix attérée par l'émotion :

— Mes enfants, éloignez-vous; notre malade ne veut voir personne.

— Pourquoi pleurez-vous, ma mère ? s'informa vivement Georges.

— Je ne pleure pas, mon fils.

— Georges ! fit péniblement la voix du marquis.

Georges s'approcha du lit.

— Georges, sauvez-moi, emportez-moi de la demeure de mon assassin, de Landry, qui m'a frappé traîtreusement, lorsque près d'être englouti par les flots de la Loire, je lui criais secours et pitié. Georges, sauvez-moi, car s'il n'a réussi à me tuer, cet homme me livrera aux républicains.

— Oui, oui, je vous sauverai, monsieur ! mon camarade et moi sommes venus pour cela... Et vous, mère bonne et vertueuse, femme humaine, ne pleurez pas, ne cachez pas ainsi dans vos mains ce visage mouillé de larmes, votre front que rougit la honte dont le couvrent les crimes d'un coupable époux. Ma mère, consolez-vous et prêtez-nous votre secours pour sauver ce malheureux.

— Tu as raison! sois béni, mon cher enfant! oui, c'est le ciel qui t'inspire. Georges, sauve le marquis de Bussière, même aux dépens de ta vie s'il le faut, Georges! sauve ton père!

— Grand Dieu! que dites-vous, ma mère? fit Georges avec surprise et émotion.

— La vérité, mon fils; plus tard tu connaîtras ce mystère, ta mère se justifiera à tes yeux... Georges, voilà ton père, sauve-le! acheva Madeleine d'une voix forte en indiquant le marquis, lequel s'étant, non sans effort, accoudé sur son oreiller, fixait sur Madeleine et Georges un regard rempli de surprise et de joie.

— Parlez, ma mère; où le conduire, où le cacher?

— Au moulin des Revenants. Là existe une chambre souterraine, dont le hasard m'a dévoilé l'issue, que moi seule connais, où le marquis sera à l'abri contre toutes les recherches.

— Mais en plein jour, comment nous y rendre sans courir le risque d'être rencontrés, découverts, fit Georges dans l'anxiété.

— Mère, rien ne serait plus facile si monsieur le marquis pouvait marcher, mais... Et mille cartouches, j'y pense !...

Dame, Madeleine, reprit Coaqurdeau, ne puis-je aller moi-même atteler un cheval à la carriole que j'aperçois de cette fenêtre dans la petite cour de votre ferme.

— Rien de plus facile.

— Alors, attendez-moi, et vous, mon officier, venez me donner un coup de main.

— Soit ! fit Georges en détournant ses regards de dessus le marquis, qu'il fixait avec autant de surprise que d'émotion.

Georges et Coquardeau s'éloignèrent.

— Madeleine, maintenant que vous voilà seule, veuillez m'expliquer...

— Comment il se fait que Georges soit votre fils, n'est-ce pas monsieur? interrompit Madeleine. Hélas! avez-vous donc oublié cette nuit, où après avoir pénétré dans ma chambre...

— Je m'en souviens, Madeleine. Eh bien! j'aimerai dorénavant Georges comme un père doit aimer son fils. Je l'enrichirai et en ferai l'époux d'Hélène, qu'il aime, dont il est aimé. Madeleine, que je vive et notre enfant sera doublement heureux.

— Merci, monsieur, de vos bonnes intentions à son égard. Oh! oui, mon Georges mérite d'être heureux, car il est bon, généreux et loyal.

Comme Madeleine terminait ces derniers mots, la porte s'ouvrit pour donner entrée à Georges qui venait prendre le marquis, tandis que Coquardeau faisait sentinelle dans la cour.

Après que le jeune officier eût lui-même revêtu le marquis d'un uniforme de soldat républicain qu'il avait apporté, il le prit dans ses bras, et guidé par sa mère, ils s'échappèrent de la chambre par un escalier dérobé qui les conduisit dans la petite cour où se trouvait la carriole, dans laquelle Georges et Coquardeau s'empressaient de placer le marquis et de le couvrir de paille.

— En route, fit le sergent, lequel avait endossé une blouse de charretier par-dessus son uniforme, en sautant dans la voiture qui sortit de la cour par une porte charretière laquelle donnait sur un chemin désert.

Ce fut alors que Coaqurdeau fouetta vigoureusement le cheval, lequel prit le galop à travers les chemins, les prairies, les vergers, guidé par la main vigoureuse de Coquardeau, lequel suivait l'itinéraire que lui avait tracé Madeleine.

Une grande demi-heure de cette course rapide, au risque de briser la carriole contre les arbres, les pierres, ou de la verser dans quelque fossé ou ravin, et Coquardeau arriva au bord de la Loire juste en face l'île du Moulin.

Ainsi qu'il avait été convenu, entre Georges et Madeleine, le sergent, afin d'attendre la venue de ces derniers, sans courir le risque d'être arrêté par les chouans qui rôdaient dans la campagne, ou rencontré et reconnu par les éclaireurs républicains, s'empressa d'introduire la carriole dans un fourré d'arbres et de haies vives; puis, à l'abri de tous regards dangereux, le jeune homme souleva une des bottes de paille qui couvraient le marquis en disant ces mots à voix basse :

— Eh bien, monsieur, comment vous

trouvez-vous, d'après le train de poste qui vient d'avoir lieu ?

Comme le marquis ne répondait pas, Coquardeau, inquiété par ce silence, mit le seigneur entièrement à découvert et vit qu'il était évanoui, que le sang coulait abondamment de la blessure qu'il avait à la tête.

— Mille cartouches ! j'aurais dû réfléchir que le galop ne convenait pas à un blessé, mais il n'y avait pas à choisir, sapeur bleu !

Tout en disant, Coquardeau bandait la plaie de son mieux, puis éventait le marquis ; voyant ses efforts inutiles, que la connaissance ne revenait pas, le sergent sauta en bas de la voiture pour courir à la Loire tremper son mouchoir dans l'eau. Ce qu'il fit, et comme il se retournait pour retourner à la voiture, il se trouva face à face avec deux Vendéens à l'air dur et narquois, armés chacun d'une faulx qui lui barraient le passage.

— Eh bien quoi! que demandez-vous, pékin? fit Coquardeau la tête haute.

— Savoir qui tu étions, ce que tu faisons dans ce taillis d'où nous venions de te voir sortir, dit un des Vendéens en toisant le sergent de la tête aux pieds.

— Mes petits amours, j'ai pour habitude de ne jamais rendre compte de mes actions aux gens que je ne connais pas, or filez et fichez-moi la paix, car je suis pressé.

— Mais mi nous non pus nous ne te connaissons et m'est d'avis que tu n'étions autre chose qu'un chien de bleu, un bandit de républicain, et que nous ferions bien de te faucher un brin.

— Mon chéri, en fait de bandit, il n'y a que ceux qui attaquent lâchement les gens inoffensifs sur les grands chemins, ce que vous faites en ce moment.

— Dis donc, Koënic, entends-tu ce gars, qui fait le crâne?

— Tapons dessus, qu'en penses-tu?

— Tapons, s'il ne nous disons tout de suite c'qu'il étions.

— Allons, parle ou sinon!

En disant ainsi, un des paysans, en agitant sa faux, se disposait à joindre l'effet à la menace, lorsque à bout de patience et sans plus attendre, Coquardeau sortit une paire de pistolets de sa poche et mit les deux gars en joue.

— Ainsi, mes gaillards, vous tenez absolument à savoir qui je suis; je m'appelle Etienne Coquardeau, et ma qualité est celle de soldat de la République.

Cela dit, Coquardeau faisant feu d'un pistolet, envoya un des paysans rouler sans vie sur la terre, ce que voyant l'autre, fit qu'il prit ses jambes à son cou pour décamper au plus vite à travers les hauts buissons, où le poursuivit Cocardeau qui ne revint sur ses pas qu'après s'être bien assuré que le Vendéen s'était assez éloigné pour ne pas craindre son retour ni être espionné par lui.

Le sergent pensant qu'il était prudent de se débarrasser du cadavre qui gisait sur l'herbe, s'empressa de le traîner jusqu'à la rive du fleuve dans laquelle il le précipita et qu'il vit disparaître dans les hautes plantes aquatiques qui bordaient le rivage.

Cette besogne achevée, notre sergent retourna à la carriole où il retrouva le marquis dans un meilleur état, c'est-à-dire en connaissance et accoudé sur la paille.

— Ami, qu'est-ce que ce coup de feu que j'ai entendu? s'informa M. de Bussière.

— Un coup de fusil tiré au loin par un de mes camarades, sur quelque lièvre ou perdrix, répondit Cocardeau d'un ton calme; puis reprenant :

— Ah çà, comment vous sentez-vous maintenant?

— D'une faiblesse extrême, mon ami, ce qui me désole d'autant plus que cet état en me retenant ici forcément, vous cause beaucoup d'embarras... Ah! que ne puis-je agir, m'éloigner!

— Patience, cela ne tardera pas, espérez et prenez patience, c'est le moyen de guérir plus vite.

Comme le sergent disait ainsi, deux

coups de sifflet vinrent retentir à son oreille : c'était le signal convenu entre lui, Georges et Madeleine. Coquardeau s'élança en bas de la voiture et sortit du taillis après s'être assuré à travers le feuillage que c'étaient bien ceux qu'il attendait qui l'appelaient de cette manière.

— Mère, il nous faudrait une barque pour atteindre l'île du Moulin, et je n'en vois aucune, dit Georges.

Madeleine ne répondit pas, elle s'avança vers la rive qu'elle longea d'une centaine de pas, puis son fils et Cocardeau la virent se baisser, écarter les ajoncs, fouiller les hautes herbes aquatiques, puis disparaître pour se remontrer trois minutes après, assise dans un batelet en fer-blanc qu'en ramant elle amena au point où elle avait laissé les deux jeunes gens.

Le marquis fut aussitôt enlevé de la carriole par Georges et le sergent, tandis que Madeleine faisait le guet, puis porté dans le batelet et aussitôt conduit dans l'île où Madeleine les fit entrer dans le jardin du moulin, espèce de champ inculte, abandonné, qu'envahissait une herbe haute et touffue.

Au milieu d'un épais taillis, encombré de ronces et d'épines, au travers desquelles ils se frayèrent non sans peine un passage pour atteindre une cabane en ruine dans laquelle ils pénétrèrent, où Madeleine indiqua au marquis de Bussière un panneau en bois de chêne qui garnissait le seul pan de muraille qui fût resté intact

— Monsieur le marquis, en qualité de propriétaire de ce lieu, c'est vous qui avez fait bâtir cette chaumière et construire la chambre souterraine dont l'entrée est située derrière cette boiserie, c'est là qu'il faut vous tenir caché à tous les regards, jusqu'au jour heureux où les forces vous permettront d'en sortir sans danger, pour vous rendre au but vers lequel vous dirigiez vos pas, lorsque le crime est venu vous arrêter en chemin. Là, dans ce réduit secret, où chaque jour, moi ou un homme de ce pays, un de vos anciens serviteurs, qui m'est dévoué, viendrons-vous visiter et pourvoir à vos besoins. Acceptez-vous, monsieur?

— J'accepte, ma chère Madeleine, et là, seul, je ne cesserai de prier le ciel pour vous et notre fils, répondit le marquis.

Madeleine, sans plus attendre, et au moyen d'un ressort secret, fit entr'ouvrir le panneau; cette ouverture découvrit un escalier d'une douzaine de marches que nos gens descendirent et qui les conduisit dans une espèce de grotte rocailleuse éclairée par un large soupirail à travers lequel entraient l'air et le soleil, où le marquis fut déposé sur un amas de mousse, en attendant que l'ombre de la nuit permît sans danger de lui apporter une meilleure couche et les objets nécessaire, à sa position.

— Georges, dit le marquis, en prenant la main du jeune homme, avant de t'éloigner, et comme les hasards de la guerre peuvent nous séparer pour longtemps, je veux que tu emportes joie et espérance en me quittant ; tu es mon fils, Georges, mais comme les liens qui enchaînent ta mère au coupable Landry, s'opposent à ce que je te reconnaisse publiquement comme mon enfant, l'héritier de mon nom, de mes titres et de ma fortune, je ne prétends pas moins te traiter comme tel. Georges, tu deviendras l'époux de ma nièce le jour où il sera permis à la noblesse de France de rentrer dans sa patrie et d'y reprendre le rang dont une poignée de factieux essaie vainement de la priver. Cette restauration, qui ne peut tarder à s'accomplir, me permettra de récompenser les amis qui me sont restés fidèles; car à l'encontre des seigneurs partis pour l'émigration, j'ai eu la précaution de réaliser une grande partie de ma fortune, ainsi que celle de ma nièce, et de déposer cet argent en un lieu sûr, où nul ne peut le découvrir, où j'irai le reprendre sous peu de temps, de jours peut-être, car l'indomptable armée commandée par le brave Condé, qui campe en ce moment près d'ici, va m'en faciliter les moyens...

— Excusez-moi, monsieur, si j'ose vous interrompre, mais n'accusez de cette extrême liberté que l'impatience et la douleur qui me torturent, l'inquiétude où me plonge l'espoir trompeur dont je vous vois imbu...

Monsieur le marquis, reprit Georges d'un ton peiné, apprenez mieux ce qui se passe aujourd'hui, car ce drame terrible du droit divin et de la liberté, ne peut avoir le dénoûment que vous espérez; la France entière s'est levée en masse, elle a pris les armes pour conquérir son indépendance, et elle ne les déposera qu'après avoir pleinement gagné sa cause. Croyez-moi, renoncez à l'espoir chimérique de lui rendre les chaînes qu'elle a brisées, renoncez à une lutte dans laquelle vous succomberez, et loin de vous

armer contre elle, en courant vous mêler
aux soldats de Condé, montrez l'exemple à
la noblesse en vous ralliant au peuple.

— Quoi, Georges, vous dans les veines
de qui coule un sang noble, vous osez me
conseiller de trahir la cause royale, de
passer dans les rangs de ses oppresseurs ;
mais vous n'y pensez pas ! ah ! loin de mon
cœur et de ma pensée une pareille action !
fit le marquis avec indignation.

— Ma foi, monsieur le marquis, ce que
mon officier n'ose vous prédire, par
égard et respect pour vos opinions sans
doute, moi je vais vous le narrer librement et dans vos intérêts, dit Coquardeau :

« Monsieur le marquis, votre cause est perdue à jamais, votre armée de Condé, dont vous avez une si haute opinion, nous autres soldats républicains, nous n'en ferons qu'une bouchée et cela sans avoir pris la peine de l'éplucher. Quant à vos amis les Allemands et les Prussiens, nous les rosserons à plates coutures nous irons boire leur vin et courtiser leurs femmes jusque dans leurs capitales. Mieux encore, monsieur le marquis, c'est que d'ici à peu de temps l'Europe entière appartiendra à la République française ou au chef que la France aura choisi pour la gouverner, et ce chef là ne sera certes pas celui que l'armée royale de Condé prétend venir lui imposer.

« Ainsi donc, suivez le conseil que vous

donne votre fils, conseil que j'approuve fort; renoncez à vouloir défendre une cause à jamais perdue, et s'il vous répugne par trop de vous faire l'allié de la République, renoncez au moins à porter les armes contre votre propre patrie. »

— Eh bien, quoique fort éloigné de partager vos opinions, mes chers enfants, et de croire à vos succès, je consens à demeurer témoin impassible des combats qui se préparent, si Georges, mon fils, consent lui-même a imiter mon inaction en abandonnant l'armée républicaine.

— Ce sacrifice est impossible de ma part, monsieur, car l'honneur me fait un devoir de rester fidèle à mon drapeau, surtout lorsque l'ennemi le menace de toutes parts.

— Je m'attendais à cette réponse, Georges, dont en qualité d'ami de la royauté, de gentilhomme, j'aurais droit de m'offenser cependant, mais je respecte les opinions; imitez-moi donc en respectant la mienne, de même qu'il y aurait lâcheté à déserter votre drapeau, dites-vous, de même il y aurait lâcheté de ma part si j'abandonnais le mien.

« Ainsi, ajouta le gentilhomme, l'honneur en pareille circonstance ne leur permettant aucune concession, voilà le père et le fils, exposés à se trouver un jour face à face sur un champ de bataille, le père à tuer le fils, ou le fils à tuer le père.

— Mais c'est affreux cela! s'écria Madeleine effrayée et en larmes, ce que voyant, le marquis fit qu'il reprit en ces termes :

— Espérons que Dieu ne permettra pas qu'un pareil crime s'accomplisse, or chassons loin de nous cette odieuse pensée.

— Georges, écoute les sages conseils que te donne la voix d'un père ; exauce en même temps les vœux les plus ardents de mon cœur, en renonçant au métier des armes, en consentant à rester auprès de moi, afin de me protéger, moi, ta mère, contre les exigences d'un époux qu'elle a cessé d'estimer, avec lequel elle ne pourra vivre désormais.

— Ma mère, au nom du ciel ! n'exigez pas de moi un sacrifice au-dessus de mes forces, que je sois traître à mon pays, à mon drapeau, à l'honneur, que mon nom et ma mémoire soient voués à l'infamie... Ma mère, prenez patience et espérez ; la guerre ne peut toujours durer, le calme et la concorde renaîtront, et alors il nous sera permis de nous réunir pour ne plus nous séparer.

— Ce qu'il faut cependant faire aujourd'hui et le plus tôt possible encore, mon officier, car là-bas on doit déjà nous chercher, s'inquiéter de notre absence, et les camarades, contraints par une circonstance imprévue, pourraient fort bien décamper ou se battre sans nous.

— Tu as raison, ami... Monsieur, ma mère, vous le voyez, le devoir commande; permettez-nous de partir.

— Allez, Georges, mais j'espère vous revoir encore avant que nous ne quittions l'un et l'autre ce pays.

— Ce soir, demain, monsieur, je reviendrai près de vous autant par devoir que par humanité.

— Non, Georges, il ne faut pas que vous remettiez les pieds dans cette île que les Vendéens fréquentent, où ils se rassemblent souvent la nuit et quelquefois le jour, cette île dont les herbages, au moment où vous la croyez déserte, vomiraient spontanément à votre approche de nombreux ennemis qui seraient sans pitié pour vous. Georges, Coquardeau, croyez-moi, adressez vos adieux à monsieur le marquis et ne reparaissez plus au moulin des Revenants, car vous y trouveriez la mort.

— Suivez le conseil de votre mère, mon fils ; embrassons-nous et partez, fit le marquis sur lequel Georges se pencha respectueusement pour recevoir son premier baiser et le lui rendre doublement.

— Mon père, avant de nous séparer, ne daignerez-vous calmer les inquiétudes qui torturent mon cœur en daignant me parler d'Hélène, et m'apprendre le lieu qu'elle habite, celui où votre tendre prudence à dû la placer à l'abri des dangers de la guerre ? demanda Georges d'un ton suppliant.

— Hélène, mon ami, que j'ai placée sous la garde d'amis pieux et dévoués, est en ce moment au camp de l'armée royaliste où je vais m'empresser de la rejoindre aussitôt que mes forces me le permettront, afin de lui faire quitter au plus vite cette contrée dangereuse... Oh ! ne crains rien pour elle, Georges, et reçois la promesse que je te fais de te conserver celle que tu aimes, de te la rendre toujours vertueuse, aimante et belle.

— Ah ! merci, merci ! mon... monsieur, s'écria Georges heureux, en s'emparant de la main du marquis pour la porter à ses lèvres.

Quelques minutes de plus et les deux jeunes gens repassaient l'eau dans le batelet, conduits par Madeleine qui, après les avoir déposés sur le rivage, retourna dans l'île auprès du marquis, lequel attendait son retour pour lui faire part d'un secret de haute importance, lui avait-il dit, et de la révélation duquel dépendait l'avenir et le bonheur de Georges et d'Hélène.

— Parlez, je vous écoute, monsieur le marquis, dit Madeleine en s'asseyant sur une pierre près du lit de fougère sur lequel reposait le gentilhomme.

— Madeleine, je vous ai fait part, tout à l'heure, en présence de Georges et du brave Coquardeau, que, afin de soustraire ma fortune, celle de ma nièce, à la cupidité des révolutionnaires, j'ai eu la prudence d'en réaliser les trois quarts et de placer cet argent en un lieu sûr, où il me sera facile de le reprendre le jour où l'armée royale, après s'être avancée, se sera rendue maîtresse d'Ingrande et de ce canton... Bien m'a pris de prendre ces précautions, ma chère Madeleine, car si j'avais négligé ce soin, je serais entièrement ruiné aujourd'hui, que les citoyens de la République se sont permis de disposer et de vendre les biens seigneuriaux.

— Votre château, monsieur, n'a point été vendu, mais incendié en partie par les troupes républicaines qui s'y étaient logées, et l'eussent respecté peut-être si elles n'avaient été excitées à commettre ce désastre par un misérable resté inconnu jusqu'alors, interrompit Madeleine.

— Ce misérable, ma chère amie, ne peut être que l'infâme Landry, mon assassin.

— Vous pensez cela, monsieur, fit Madeleine effrayée et en pâlissant.

— J'en suis certain, mais en quel but, je me le demande encore. N'importe ! car cet incendie n'a pu pénétrer jusqu'au souterrain qui sert de sépulture à ma défunte femme, et ses débris peuvent tout au plus en avoir encombré l'issue.

— Je l'ignore, monsieur, n'ayant point voulu attrister mon cœur par l'aspect des ruines de cette demeure qui, grâce aux bontés de madame la marquise, fut pour ainsi dire le berceau de mon enfance.

— Et pourtant, Madeleine, il faudra vous donner cette affliction en l'intérêt de nos enfants.

— Je ne comprends pas, monsieur...

— Madeleine, c'est à la mère de Georges que je vais faire part d'un secret qui, révélé à tout autre qu'elle, deviendrait la ruine d'Hélène et la mienne.

Madeleine, c'est dans le caveau des sépultures et au pied du tombeau de la marquise de Bussière que j'ai caché, enterré moi-même le coffre de fer dans lequel est enfermée notre fortune. Madeleine, c'est vous que je charge de veiller sur ce trésor, jusqu'au jour prochain, sans doute, où il me sera possible de venir le reprendre sans danger ; me le promettez-vous ?

— Je... Je vous le promets, monsieur, répondit Madeleine d'une voix émue, car la révélation du lieu où était enfermé ce trésor, venait de faire naître dans la pensée de la pauvre femme une crainte douloureuse, un doute affreux.

— C'est bien, et je vous remercie du fond de mon cœur, ma chère et bonne Madeleine, reprit le marquis en pressant dans les siennes les mains de l'excellente femme qui ne l'écoutait plus, tant sa pensée était occupée en ce moment et qui reprit ainsi :

— Monsieur le marquis, il faut que je vous quitte pour retourner à la ferme, mais ce soir je reviendrai accompagné de Coquardeau, qui m'aidera à transporter jusqu'ici, dans la carriole, les meubles et effets qui vous sont nécessaires pour le peu de temps que vous allez passer dans cette grotte. Surtout, n'essayez ni d'appeler ni de sortir, ayez patience et confiance en Madeleine... Au revoir donc monsieur, car Landry me cherche peut-être, et une plus longue absence pourrait éveiller ses soupçons.

— Allez, Madeleine, et que le ciel vous protége ! fit le marquis.

La fermière s'éloigna et repassa le bras de rivière sur la rive de laquelle elle cacha son batelet à l'endroit même où elle l'avait pris, et se dirigea vers la ferme dans la carriole que Cocardeau et son fils avaient laissée dans le taillis.

Rien ne pourrait dépeindre l'excès de surprise et de douleur qui s'empara de Madeleine, lorsqu'en entrant dans le village elle le vit silencieux et désert ; plus de bruit de tambours ni de trompettes, plus de soldats, rien que des groupes de paysans armés de fusils, de faulx, qui parlent, s'agitent et gesticulent d'un air menaçant. Madeleine, afin d'éviter les regards, rentre dans la ferme par la petite cour, puis pénètre dans la salle basse où elle trouva une servante occupée au ménage.

— Oh ! v'là qu'vous v'là note maîtresse ?

— Marie, que s'est-il donc passé? où sont les bleus ?

— Y sont partis, maîtresse, y a d'ça une heure au pus et tambour battant encore, vu qu'on étions venu les avertir que l'armée du roi s'avançait pour venir les rosser, répondit la servante.

— Parti, parti! oh! mon Georges!.. sans avoir reçu ses adieux, son dernier baiser peut-être.. Ah! malheur ! malheur! murmura Madeleine désolée.

Et mon mari, où est-il? reprit-elle vivement.

— Il étions allé servir de guide à ces coquins de bleus qui l'y avons forcé et paraissions ben en colère après li, parce que, disions-t-ils, l'maître avons laissé

échapper le môsieu malade qui était ici,
et qu'il appelions un ci-devant.

— Lequel des chefs a contraint Landry
de les accompagner? interrogea Madeleine inquiète.

— Le grand noir, qui avons une ceinture tricolore nouée autour de li et qu'il
appelons l'envoyé commissaire; un vrai
bourru à l'œil méchant, qui ne menaçait
rien moins que de faire fusiller maître
Landry et d'brûler la ferme si on ne l'i rendait pas le ci-devant; petiote besogne dont
les damnés bleus allions s'acquitter, lorsqu'il leur a fallu plier bagage et décamper
pu vite qu'ils n'étions venus.

— Marie, réponds! l'officier Georges,
le sergent Coaqurdeau, étaient-ils présents
lorsqu'on menaçait ainsi mon mari?

— Non, note maîtresse, car ces deux gars, qui revenions j'ne savons d'où et que l'on cherchait partout, sont arrivés tout juste comme leurs gueux de soldats se mettions en route, y venaient, ont-ils dit, de donner la chasse à des blancs qui les avaient attaqués, tandis qu'ils s'amusions à chasser des oiseaux sur le bord de la Loire.

Madeleine n'interrogea pas davantage la servante, et comme après ce qui était arrivé, elle n'osait plus se fier à aucun domestique de la ferme pour l'aider à porter au moulin les objets nécessaires au marquis; après avoir réfléchi quelques instants, la fermière fit un paquet de linge, de couvertures, remplit un panier de provisions, telles que pain, viande, vin et autres comestibles, puis sella un cheval qu'elle chargea de tout cela, sauta dessus, et d'un trot vif reprit la route du moulin. Mais combien furent extrêmes la frayeur et la surprise de Madeleine, lorsqu'après avoir traversé dans le batelet les provisions et les effets qu'elle apportait et avoir pénétré dans la grotte, elle n'y retrouva plus le marquis, et à la place de ce dernier un papier sur lequel étaient tracés ces mots au crayon :

« Madeleine,

« De braves royalistes, ceux que les
« ennemis de Dieu et de l'autel ont sur-
« nommé les chouans, de loyaux Ven-
« déens enfin, qui se trouvaient cachés
« dans l'île, et qui vous ont vu sortir du

« moulin, y ont pénétré après que vous
« vous fûtes éloignée. Il ne leur a pas été
« difficile de m'y découvrir, étant guidés
« par les gémissements que m'arrachait la
« crise douloureuse qui s'était emparée
« de moi aussitôt que vous m'eûtes laissé
« seul. Parmi ces hommes, qui d'abord
« me menaçaient de mort, se trouvait fort
« heureusement un de mes anciens servi-
« teurs qui, m'ayant reconnu, s'empressa
« de certifier à ses camarades que j'étais
« bien en effet ce que je leur affirmais être,
« c'est-à-dire le marquis de Bussière, ancien
« seigneur du pays. Ainsi persuadés, la
« colère des Vendéens fut désarmée et fit
« place au respect ainsi qu'au dévoû-
« ment, et, lorsque je leur eus appris que
« me rendant à l'armée de Condé j'avais

« été arrêté, grièvement blessé par un
« faux frère dont j'ai caché le nom par
« égard pour vous, ma chère Madeleine,
« vous dont je leur ai fait part du dévoû-
« ment, ces hommes m'ont offert leurs ser-
« vices pour me sortir d'embarras et me
« transporter jusqu'aux avant-postes de
« l'armée royale. J'ai accepté, Madeleine,
« car en m'éloignant je vous sauve des
« ennuis et des dangers que vous eussent
« causé mon séjour au moulin, et les mille
« démarches où ils vous eût entraînée. Je
« pars, Madeleine, je pars en vous bé-
« nissant ; embrassez Georges pour moi.
« Je termine, car mes sauveurs me pres-
« sent.

« Adieu, Madeleine, adieu Georges, et à

« bientôt, je l'espère, le bonheur pour
« tout ce qui m'aime. »

Sainte-Vierge Marie, protégez le père et le fils! soupira Madeleine après avoir lu et en essuyant ses yeux que noyaient les larmes. Notre fermière, après être restée pensive l'espace de quelques minutes sur la pierre où elle s'était assise, se releva vivement tout en portant la main à son front, puis en s'écriant d'une voix brève :

— Maintenant, aux ruines du château... Ah! pourvu qu'il en soit encore temps! pourvu que Landry n'ait pas déjà découvert et volé ce trésor! — Ce fut, tourmentée par cette pensée, que Madeleine reprit pensive le chemin de la ferme, qu'à son retour elle trouva occupée par les Vendéens en armes, dont la nouvelle du mouvement qu'opérait l'armée royaliste, avait réveillé l'enthousiasme et qui, comme point de réunion, avaient choisi la ferme de Landry, en l'espoir de harceler les bleus sur leur derrière, tandis que les royalistes les combattaient de front.

Madeleine, après s'être informée si son mari était de retour, et sur la réponse négative que lui firent ses serviteurs, quitta sa maison pour prendre le chemin du château de Bussière, éloigné tout au plus d'un quart de lieue de la ferme.

Après une course rapide à travers les champs et les halliers, notre fermière ayant atteint le but, entra dans la cour du château où son cœur s'oppressa à la vue de cette demeure, qu'elle avait connue en des temps plus heureux, brillante et majestueuse, et qu'elle revoyait ce jour abandonnée, a moitié détruite par le feu et le fer, ouverte à tout venant, dont les cours jadis encombrées par une foule de valets à la riche livrée, dont le pied des fougueux chevaux frappaient le pavé, envahies par de hautes herbes et les chardons épineux.

Madeleine se dirigea vers l'aîle ou était située la chapelle, sous laquelle se trouvait le caveau des sépultures de la famille de Bussière, en ce moment couvert de cendres, de poutres à moitié consumées.

— N'importe ces obstacles, il me faut à

tout prix pénétrer dans ce caveau qui renferme le bonheur de Georges et d'Hélène, m'assurer enfin si ce trésor est encore à la place où l'a placé celui auquel il appartient...

« Ah ! quel doute affreux, pénible torture, comme en ce moment mon âme est inquiète ! Vierge divine ! protégez le proscrit et son fils, faites que mon mari ne se soit pas rendu coupable du crime que j'appréhende !... Mais je suis folle; pourquoi cet injuste soupçon ? pourquoi cette crainte qui m'anime lorsque rien, rien ! ne peut avoir indiqué à Landry l'existence de ce trésor... N'importe; on parle de vendre cette propriété; avant qu'un autre en devienne le maître, je vais m'assurer, je dois enlever cet argent et le mettre a l'abri de tout danger. Mon Dieu! secondez mon courage!

Ayant dit ainsi, Madeleine se mit à l'œuvre, à enlever pierre par pierre, débris par débris, afin de débarrasser l'entrée du caveau.

La courageuse femme, revint trois jours de suite reprendre ce pénible travail, trois jours durant lesquels elle fit preuve d'un courage surhumain. C'était pour son fils qu'elle travaillait ainsi, or la rude tâche lui semblait douce et facile.

Enfin, la vierge qu'elle avait implorée exauça son vœu, car l'entrée du caveau 'offrit enfin à ses regards. Madeleine s'y précipita. Oh! douleur! au pied de la tombe de la marquise est un trou profond sur le bord duquel la terre qui l'avait comblé, s'élève en butte.

— Ah! Landry! homme déloyal, Dieu m'aidant, je retrouverai ce trésor et te l'arracherai! s'écria alors Madeleine indignée.

FIN DU PREMIER VOLUME.

TABLE DES CHAPITRES.

—

		Pages
Chapitre	I.	1
—	II.	25
—	III.	63
—	IV.	125
—	V.	155
—	VI.	177
—	VII.	218

FIN DE LA TABLE.

Fontainebleau. — Imprimerie de E. Bourges.

NOUVEAUTÉS TERMINÉES.

LES
COMPAGNONS DE LA TRUFFE
Par **PAUL DE KOCK**. — 5 volumes.

LE TAMBOUR DE LA 32ᴱ
Par ERNEST CAPENDU. — 10 volumes.

LA BELLE FÉRONNIÈRE
Par ALBERT BLANQUET. — 6 volumes.

UN AMANT TROP AIMÉ
Par MAXIMILIEN PERRIN. — 2 volumes.

LE ROI DES GABIERS
Par ERNEST CAPENDU. — 11 volumes.

UNE FORTUNE A FAIRE
Par PAUL DUPLESSIS. — 2 volumes.

L'HOTEL DE NIORRES
Par ERNEST CAPENDU. — 6 volumes.

Sceaux, typographie de E. Dépée.

www.ingramcontent.com/pod-product-compliance
Lightning Source LLC
Chambersburg PA
CBHW071245160426
43196CB00009B/1170